Pesto, Salsa & Co.
selbst gemacht

TEXT | FOTOS
MARTIN KINTRUP | MELANIE ZANIN

004 SERVICE

Die wunderbare Welt der Würzsaucen

Warum selbst machen? Bei der Riesenauswahl an Saucen im Supermarkt? Ganz einfach: Weil es Spaß macht und hausgemacht am besten schmeckt!

Würzsaucen sind der perfekte Einstieg in die Welt des Kochens. Denn für eine gute Sauce benötigen Sie weder viel Zeit noch komplizierte Geräte. Entscheidend ist das Know-how: Wer die richtigen Zutatenverhältnisse und Zubereitungszeiten kennt, muss meist nicht mehr tun, als ein bisschen »schnippeln«, alles in einem Topf köcheln lassen und vielleicht noch pürieren. Dann noch abschmecken, und schon steht eine Sauce auf dem Tisch, der keine Fertigsauce das Wasser reichen kann. Manchmal geht es sogar noch schneller: Zutaten zusammenrühren, abschmecken, erledigt! Wer braucht da noch Fertigsaucen mit Konservierungs-, Farb- und anderen Zusatzstoffen? Saucen selbst machen, heißt: wissen, was drin ist. Das sorgt neben Würze auch für ein gutes Gefühl auf dem Teller.

Ein Blick in fremde Küchen – Vielfalt pur!

Rund um die Welt stehen Würzsaucen auf dem Tisch, um Gerichten den richtigen Kick zu verleihen. Entsprechend groß ist die Vielfalt. Die Auswahl reicht von Mayonnaise, Senf und Meerrettich in Europa über Ketchup, Barbecuesauce und Salsa in Amerika bis hin zu Sweet Chilisauce, Sambal Oelek oder Fischsauce in Asien. Dabei hat jedes Land seine speziellen Vorlieben: Südamerikaner, Nordafrikaner und Südostasiaten mögen es gern sehr scharf, während wir in Mitteleuropa milde bis mittelscharfe Saucen vorziehen. Sind Sie eine Ausnahme? Dann haben wir etwas für Sie: Feurige Harissapaste aus Tu-

nesien oder chilischarfe Currypasten aus Thailand. Oder doch lieber eine mild-süße Sauce? Wie wäre es mit fruchtig-süßer Steaksauce oder gelbem Ketchup mit Aprikosen? Egal, welche Vorlieben Sie haben: Mit mir lernen Sie die Saucenvielfalt der Welt kennen. Neben Klassikern gibt es auch jede Menge Neukreationen für neugierige Schlemmermäuler zu entdecken – ob süß, pikant, scharf oder herzhaft: In diesem Buch ist garantiert für jeden Geschmack etwas dabei.

Keine Angst vor Exoten!

Für Exoten aus Asien und Abwechslung auf dem Teller landet auch schon mal eine Zutat im Topf, die Sie vielleicht nicht kennen. Alle Zutaten, die in asiatischen Saucen verwendet werden – etwa Limettenblätter, Galgant, Wasabi oder Garnelenpaste – finden Sie im Asia-Laden, manchmal auch im gut sortierten Supermarkt. Rauchsalz und Tonkabohnen sind Neulinge im Gewürzregal und nicht in jedem Supermarkt vorhanden. Diese Spezialitäten erhalten Sie in Gewürzläden, beim Gewürzstand auf dem Wochenmarkt, bei Online-Gewürzhändlern oder veganen Onlineshops (siehe Adressen auf Seite 126). Dort haben Sie vielleicht auch Glück mit Kala Namak: Dies ist ein indisches Salz mit einem hohen Schwefelgehalt und kräftigem Eigenaroma. Alle anderen Zutaten dürften bekannt und verfügbar sein. Haben Sie schon Appetit bekommen? Dann weiterblättern und loskochen – begeben Sie sich hinein ins Multi-Kulti-Saucenglück!

Küchenhelfer für großes Saucenglück

1 | Mohn- oder Kaffeemühle

Senfmehl für die Herstellung von Senf und Co. ist recht teuer, die Samen sind meist deutlich günstiger. Wer also häufiger in die Produktion gehen möchte, sollte sich eventuell eine Mühle anschaffen. Für Ölsamen wie Senf, Sesam oder Mohn wird eine Mühle mit Stahlmahlwerk benötigt. Auch eine gebrauchte Kaffeemühle tut es – diese sollten Sie jedoch gut reinigen, damit kein Kaffeearoma zurückbleibt.

2 | Küchenreibe

In der Saucenküche werden jede Menge Zutaten verschieden grob gerieben. Sehr praktisch ist daher eine Vierkant- oder Sechskantreibe mit der z. B. Gurken oder Parmesan grob und Meerrettich oder Möhren fein gerieben werden können. Auf feinen Reibflächen mit scharfen, kreisrunden Metallspitzen lassen sich Muskatnuss, Tonkabohne oder Ingwer perfekt reiben.

3 | Stabmixer mit Blitzhacker

Viele Saucen, wie Ketchup oder Barbecuesauce, werden am Ende der Zubereitung püriert. Dafür benötigen Sie einen leistungsfähigen Stabmixer mit mindestens 600 Watt Leistung. Damit Sie die Saucen noch heiß auf dem Herd pürieren können, ist ein Metallkopf ein Muss. Am besten entscheiden Sie sich für Geräte mit einem zusätzlichen Blitzhackeraufsatz. Currypasten und Pesti gelingen darin besser als etwa in einem Standmixer.

4 | Mörser

Frisch gemörsert schmecken Gewürze wie Pfeffer, Koriander und Kreuzkümmel sehr viel aromatischer. Besonders geeignet sind schwere Steinmörser mit großem Stößel, mit dem auch Pesti und Currypasten traditionell hergestellt werden. Wer sinnliche und meditative Küchenarbeit mag, lässt also einfach den Blitzhacker weg.

5 | Schüssel und Schneebesen

Unerlässlich sind Rührschüssel und Schneebesen. Vielfältig einsetzbar sind halbrunde Rührschüsseln aus Edelstahl, die Sie auch für heiße Saucen oder über dem Wasserbad verwenden können. Ein klassischer Schneebesen ist unübertroffen, aber auch neue Modelle mit Metall- oder Silikonkugeln funktionieren gut.

6 | Flaschen und Gläser

Viele Saucen sind lange haltbar. Wer also Vorräte anlegen möchte, braucht dafür passende Flaschen oder Gläser. Dafür bieten sich gereinigte und von Markenaufklebern befreite Smoothie-, Ketchup- oder Grillsaucenflaschen aus Glas an, oder entsprechend Gläser von Senf oder Fruchtaufstrichen. Wer nach einer witzigen Alternative zu Glasflaschen und Gläsern sucht oder seine Kinder zu Hause mit Pommesbuden-Flair überraschen möchte, kann seine Köstlichkeiten auch in eine Quetschflasche (Squeezebottle) abfüllen. Bezugsadressen finden Sie auf Seite 126.

7 | Einfülltrichter

Um Saucen unfallfrei in Gläser oder Flaschen abzufüllen, ist ein Trichter aus Edelstahl mit einer großen Öffnung sehr praktisch. Kleinere Plastiktrichter sind für dickliche oder stückige Saucen und Konfitüren nicht geeignet.

So bleiben selbst gemachte Saucen lange haltbar

1 | Einwandfreie, frische Ware

Verwenden Sie für Saucen, Chutneys, Pasten und Konfitüren, die länger haltbar sein sollen, ausschließlich Produkte, die ganz frisch und sauber sind. Obst und Gemüse sollten keine faulen oder gar schimmeligen Stellen haben. Tomatenmark, Kokosmilch und Ähnliches dürfen vor der Verwendung keinesfalls schon mehrere Tage offen im Kühlschrank gestanden haben.

2 | Sauberkeit …

… fängt bei den Produkten an, setzt sich bei Messern, Brettchen, Schüsseln fort und hört bei Gläsern bzw. Flaschen und Deckeln auf. Obst und Gemüse immer gründlich waschen, trocken tupfen, ordentlich putzen und verlesen. Alle Werkzeuge sollten blitzblank sauber sein. Flaschen sowie Twist-off-Gläser und Deckel eventuell zur Sicherheit noch 8 – 10 Min. in kochendem Wasser sterilisieren. Mit einem Schaumlöffel aus dem Wasser nehmen und anschließend mit der Öffnung nach unten auf einem sauberen Küchentuch abtropfen lassen, die Deckel mit einem sauberen Tuch sorgfältig abtrocknen. Oder die leeren Gläser im Backofen bei 120° (Umluft 100°) 10 – 15 Min. sterilisieren.

3 | Schnell abfüllen

Gekochte Saucen – sofern sie nicht bald verbraucht werden – sofort und noch heiß in Twist-off-Gläser oder -Flaschen abfüllen (siehe Punkt Sauberkeit) und verschließen. Nach Belieben 5 Min. auf den Kopf stellen, damit ein steriles Vakuum entstehen kann. Dann umdrehen und abkühlen lassen.

4 | Richtig aufbewahren

Konfitüren, Chutneys und Saucen mit hohem Zuckeranteil können ungeöffnet dunkel im Küchenschrank einige Wochen bis Monate überdauern. Bei allen anderen und insbesondere angebrochenen Saucen gilt: Kühl soll es sein, genau genommen kalt! Der Kühlschrank sollte auf eine Durchschnittstemperatur von etwa 6° eingestellt sein. Die Temperatur ist im Kühlschrank allerdings ziemlich ungleich verteilt. Während es in den Türen und den Frischefächern ganz unten schon einmal 10° warm sein kann, sinkt die Temperatur im Hauptraum von etwa 8° im obersten Fach auf bis zu 2° direkt über dem Frischefach. Genau das ist auch der Platz, an dem sich die Saucen am wohlsten fühlen.

5 | Geöffnete Saucen rasch verbrauchen

Die Haltbarkeit einer Sauce wird durch das Öffnen immer verkürzt, da sie dadurch in Kontakt mit Sauerstoff, Bakterien und vor allem Schimmelpilzsporen kommt. Deshalb gilt: Die Saucen nur kurz aus dem Kühlschrank nehmen und die benötigte Menge immer mit einem sauberen Löffel entnehmen statt sie auszugießen. Durch das Ausgießen bilden sich Saucenreste am Deckelrand, die zum schnelleren Verderb führen können. Die Sauce nach der Verwendung sofort wieder kalt stellen. Pesto bleibt länger haltbar, wenn es immer mit einem dünnen Ölfilm bedeckt ist. Das schützt nahezu perfekt vor Verderb durch Oxidation oder Schimmelsporen. Verändert eine Sauce ihren Geschmack, riecht sie eigenartig oder sehr streng oder findet sich darauf ein Schimmelfleck: Sofort entsorgen!

Zu verschenken!

Selbst gemachte Saucen sind ein schönes und farbenfrohes Mitbringsel. Wer diese noch dazu attraktiv verpackt, hat immer perfekte Geschenke für Freunde mit viel Liebe zum Kochen parat. Mit diesem Zubehör ernten Sie garantiert jede Menge Applaus!

1 | Gläser und Flaschen

Besondere Gläser, z. B. bauchige Twist-off-Gläser, machen viel her. In kleinen Gläschen hingegen wirkt alles besonders niedlich, und Bügelflaschen versprühen einen coolen Vintage-Charakter. Für etwas ganz Spezielles sich lohnt auch der Weg in den Secondhandshop. Wichtig: Nur absolut unbeschädigte alte Flaschen und Gläser verwenden und diese gründlich reinigen.

2 | Aufkleber …

… zum Beschriften oder bereits bedruckt gibt es in unzähligen Varianten, auch transparent und – ganz hip – aus Kraftpapier, eine Papiersorte mit besonders hoher Festigkeit. Besonders schöne Versionen gibt es bei www.dawanda.de oder in Designläden.

3 | Stoffhäubchen …

… können Sie ebenfalls z. B. bei www.dawanda.de beziehen oder ganz einfach selbst herstellen. Dafür einen sauberen Stoffrest – etwa mit Streifen-, Karo- oder Punktemuster – mit einem 6 cm größeren Durchmesser zuschneiden, als ihn der Glas- oder Flaschendeckel hat. Dann mit einem Band umwickeln und dieses zuknoten oder zur Schleife binden. Wer ein besonderes Händchen für Handarbeit hat, häkelt sich eine runde Haube für ein Glas oder eine kleine Pudelmütze für eine Flasche. Auch bestickte Hauben machen sich sehr gut.

4 | Bänder …

… sind in Bastelläden erhältlich. Besonders edel und extravagant wirken Zierbänder mit Pailletten, Spitze oder Bommeln. Auch Geschenkbänder aus Stoff – z. B. in Blau, Rot oder mit Pünktchen – machen einen schicken Eindruck. Etwas rustikaler wirken rotweiße Kordeln oder Papierbänder in Naturfarben. Auch simples Packband macht eine gute Figur.

5 | Anhänger …

… sind die Alternative oder eine Ergänzung zur Beschriftung von Gläsern oder Flaschen. Viele junge Designer verkaufen kreative Papieranhänger übers Internet. Besonders schick sind kleine Tafel-Anhänger. Darauf ist neben dem Saucennamen auch noch Platz für einen kleinen Gruß.

6 | Verpackung …

… ist eigentlich nicht nötig. Die bunten Saucengläschen und -flaschen allein machen schon genug her. Ein Klassiker sind halb-transparente oder transparente Tütchen, die mit bunten Bändern zugebunden werden. Wenn es sich anbietet, finden darin als Deko auch noch getrocknete Hauptzutaten der Saucen Platz, z. B. rote Chilischoten, eine Zimtstange oder Orangenschale. Schlicht, aber stylish sind Tüten aus Kraftpapier. Diese können z. B. schwarz, bunt oder weiß bestempelt und mit Holzwäscheklammern oder Buttons verschlossen werden. Alternativ oben einklappen und mit einem schönen Aufkleber einfach zukleben.

KLASSIKER VON SCHARF BIS CREMIG – SENF, MAYO, VINAIGRETTE

Senf, Meerrettich, Mayonnaise & Co. haben einen festen Platz in unserem kulinarischen Kulturgut. Ein Glück, dass sie nicht immer nur klassisch auftreten, sondern sich auch gern einmal aromatisch abwandeln lassen. Verlieben Sie sich neu in zeitlose Klassiker und lassen Sie sich von genialen Neulingen wie Mangosenf und Wasabi-Mayo überraschen.

Honigsenf

mild süß

Zubereitung: ca. 30 Min. | Ruhen: mind. 12 Std. | Haltbarkeit: gekühlt 6 Monate | Pro Glas: ca. 910 kcal

Für 1 Glas (ca. 300 ml)

2 Schalotten
1 Knoblauchzehe
1 Stängel Dill
70 ml Aceto balsamico bianco
½ TL gemahlene Kurkuma
Salz
70 g gelbes Senfmehl
150 g cremig gerührter Honig
1 TL Zitronensaft

1 Schalotten und Knoblauch schälen und grob würfeln. Den Dill waschen und trocken schütteln. Den Essig mit den Schalotten- und Knoblauchwürfeln, der Kurkuma und 1 gestrichenen TL Salz in einen Topf geben und aufkochen lassen. Die Herdplatte ausschalten. Den Dillzweig in den Topf geben und den Essigsud auf der ausgeschalteten Herdplatte zugedeckt etwa 10 Min. ziehen lassen.

2 Das Senfmehl in eine Schüssel geben. Den Dill aus dem Topf nehmen und den Sud noch einmal kurz aufkochen lassen. Die Hälfte des Honigs unterrühren. Den Sud durch ein Sieb zum Senfmehl gießen, alles mit dem Schneebesen kräftig verrühren und nochmals 10 Min. ziehen lassen.

3 Die Senfmehlmasse mit dem Stabmixer fein pürieren. Den restlichen Honig und den Zitronensaft unterrühren. Den Honigsenf mit etwas Salz abschmecken, in ein sauberes Twist-off-Glas füllen und verschließen. Den Senf mindestens 12 Std., besser 2 bis 3 Tage, reifen lassen.

Variante: Honig-Senf-Dill-Sauce

Für 4 Portionen | **1 Stängel Dill** waschen, trocken tupfen, die Spitzen abzupfen und fein hacken. **4 EL Honigsenf** mit **2 EL Weißweinessig** und **50 g Honig** verrühren. Den Dill unterrühren, dann nach und nach **4 EL neutrales Öl** unterschlagen. Die Sauce mit **Salz** abschmecken. Honig-Senf-Dill-Sauce schmeckt ganz hervorragend zu Räucherlachs oder Graved Lachs. Sie passt auch zu Aufschnitt, gekochten Eiern sowie zu Kartoffelpuffern und kann sehr gut als Sauce für Hot-Dogs oder Sandwiches verwendet werden.

Scharfer Senf

ganz einfach hausgemacht
Zubereitung: ca. 20 Min. | Abkühlen: ca. 20 Min. | Haltbarkeit: gekühlt 6 Monate | Pro Glas: ca. 760 kcal

Für 1 Glas (ca. 350 ml)

1 Schalotte
50 – 70 ml Rotweinessig
50 ml trockener Weißwein
50 g Zucker | Salz
1 Lorbeerblatt
2 Gewürznelken
Pfeffer
70 g gelbes Senfmehl
30 g schwarze Senfsamen

1 Die Schalotte schälen und sehr fein würfeln. In einem Topf 100 ml Wasser mit 50 ml Essig, dem Weißwein, dem Zucker, den Schalottenwürfeln, 1 TL Salz, dem Lorbeerblatt und den Nelken einmal kurz aufkochen und dann bei schwacher Hitze 3 Min. ziehen lassen. Den Topf vom Herd nehmen, den Sud nach Geschmack mit Pfeffer würzen und lauwarm abkühlen lassen.

2 Inzwischen das Senfmehl und die Senfsamen in einer Schüssel vermischen. Den lauwarmen Sud durch ein Sieb zur Senfmehlmischung gießen, mit dem Schneebesen kräftig verrühren und 10 Min. ziehen lassen.

3 Den Senf mit dem Stabmixer nach Belieben fein oder körnig pürieren. Den Senf mit Salz und Essig abschmecken, in ein sauberes Twist-off-Glas füllen und verschließen.

Weißwurstsenf

bayerischer Lebensquell
Zubereitung: ca. 30 Min. | Ruhen: mind. 12 Std. | Haltbarkeit: gekühlt 6 Monate | Pro Glas: ca. 925 kcal

Für 1 Glas (ca. 350 ml)

1 Zwiebel
50 ml Weißweinessig
50 ml Rotweinessig
150 g Roh-Rohrzucker
2 Gewürznelken
1 Lorbeerblatt
1 Prise Kümmelsamen
Salz
30 g gelbes Senfmehl
40 g grünes Senfmehl
   (etwas grober gemahlen;
   aus dem Gewürzladen)

1 Die Zwiebel schälen und grob würfeln. In einem Topf beide Essigsorten mit 100 ml Wasser, Zucker, Zwiebelwürfeln, Nelken, Lorbeerblatt, Kümmelsamen und 1 gestrichenen TL Salz aufkochen lassen. Den Sud auf der ausgeschalteten Herdplatte zugedeckt etwa 10 Min. ziehen lassen.

2 Inzwischen das gelbe und das grüne Senfmehl in einer Schüssel vermischen. Den Sud nochmals aufkochen und dann etwa 1 Min. abkühlen lassen. Durch ein feines Sieb zur Senfmehlmischung gießen und alles mit dem Schneebesen kräftig verrühren. Die Senfmasse 10 Min. ziehen lassen.

3 Den Senf mit dem Stabmixer grob pürieren und mit Salz abschmecken In ein sauberes Twist-off-Glas füllen und verschließen. Vor dem Verzehr mindestens 12 Std., besser 2 bis 3 Tage, reifen lassen.

Feigensenf

fast schon ein Klassiker

Für 1 Glas (ca. 350 ml) **70 g frische Feigen** waschen und fein würfeln, dabei die harten Stiele entfernen. In einem Topf **100 ml Aceto balsamico bianco, 100 g Zucker** und **1 TL Salz** zum Kochen bringen, die Feigen hinzufügen und zugedeckt bei schwacher Hitze 5 Min. weich köcheln lassen. Den Topf vom Herd nehmen. Die Feigen im Sud mit dem Stabmixer fein pürieren und die Mischung lauwarm abkühlen lassen. **60 g gelbes** und **20 g braunes Senfmehl** unter das Püree rühren und die Mischung zugedeckt 10 Min. ziehen lassen. Dann alles mit dem Stabmixer fein pürieren. Den Senf mit Salz und Essig abschmecken, in ein sauberes Twist-off-Glas füllen und verschließen. Feigensenf ist im Kühlschrank mindestens 2 Monate haltbar.

Paprika-Kräuter-Senf

mit mediterranen Aromen

Für 1 Glas (ca. 350 ml) **5 Zweige Thymian** und **1 Zweig Rosmarin** waschen und trocken tupfen. Die Blättchen bzw. Nadeln abzupfen und fein hacken. **Je 75 ml Weißweinessig** und **Wasser** mit **50 g Zucker, 1 TL Salz** und den Kräutern in einem Topf erhitzen. **2 Knoblauchzehen** schälen und dazupressen. **50 g in Öl eingelegte gegrillte Paprika** abtropfen lassen und grob würfeln. In den Sud geben, aufkochen und bei schwacher Hitze 3 Min. ziehen lassen. Die Mischung lauwarm abkühlen lassen. **20 g gelbes Senfmehl** und **60 g gelbe Senfsamen** unterrühren. 10 Min. ziehen lassen, mit dem Stabmixer fein pürieren und mit Salz abschmecken. In ein sauberes Twist-off-Glas füllen und verschließen. Der Senf ist im Kühlschrank mindestens 2 Monate haltbar.

Mangosenf

exotisch fruchtig

Für 1 Glas (ca. 350 ml) **100 g Mangofrucht-fleisch** würfeln (die Mango sollte richtig reif sein, damit der Senf sein volles Aroma erhält). Die Mangowürfel mit **150 ml Aceto balsamico bianco, 50 g Zucker, 1 TL Salz** und **1 Prise Chiliflocken** in einen Topf geben. Die Mischung zum Kochen bringen und bei schwacher Hitze 3 Min. ziehen lassen. Den Topf vom Herd nehmen und die Mischung lauwarm abkühlen lassen. Anschließend **60 g gelbes Senfmehl** unterrühren und die Senfmischung 10 Min. ziehen lassen. Dann alles mit dem Stabmixer fein pürieren und den Senf mit Salz abschmecken. In ein sauberes Twist-off-Glas füllen und verschließen. Der Mangosenf ist im Kühlschrank mindestens 2 Monate haltbar.

Trüffelsenf

für Gourmets & Genießer

Für 1 Glas (ca. 350 ml) **1 TL fein gehackte Rosmarinnadeln** mit je 50 ml **Weißweinessig** und **trockenem Weißwein, 100 ml Wasser, 50 g Zucker** und **1 TL Salz** in einem Topf erhitzen. **1 Knoblauchzehe** schälen und dazupressen. Aufkochen und bei schwacher Hitze 3 Min. ziehen lassen. **10 g Sommer-trüffel** (frisch oder eingelegt) fein reiben und dazugeben. Vom Herd nehmen, mit **Pfef-fer** würzen und lauwarm abkühlen lassen. **30 g gelbes Senfmehl, 70 g gelbe Senfsamen** und **1 EL schwarze Senfsamen** unterrühren und 10 Min. ziehen lassen. Mit dem Stabmixer pürieren. Senf mit Salz und Essig abschmecken, in ein sauberes Twist-off-Glas füllen und verschließen. Trüffelsenf ist im Kühlschrank mindestens 2 Monate haltbar.

Sahnemeerrettich

frisch-scharfer Verwandlungskünstler
Zubereitung: ca. 10 Min. | Haltbarkeit: gekühlt 2 Tage | Pro Portion: ca. 155 kcal

Für 4 Portionen

100 g Sahne
2 – 3 cm Meerrettichwurzel
100 g saure Sahne
1 EL Aceto balsamico bianco
1 EL Zitronensaft
1 EL Zucker | Salz
Pfeffer (nach Belieben)
1 EL gehackter Dill
  (nach Belieben)

1 Die Sahne in einer Schüssel mit den Quirlen des Handrührgeräts steif schlagen und zugedeckt in den Kühlschrank stellen, bis die restlichen Zutaten vorbereitet sind. Den Meerrettich schälen und mit der Küchenreibe fein reiben.

2 Die saure Sahne mit dem Aceto balsamico, dem Zitronensaft und dem Zucker in einer Schüssel gut verrühren. Die Sahne und 4 EL geriebenen Meerrettich unterheben.

3 Den Sahnemeerrettich mit Salz, eventuell noch etwas Meerrettich und nach Belieben etwas Pfeffer abschmecken. Nach Belieben noch gehackten Dill unterrühren. Sahnemeerrettich passt gut zu Fleisch, etwa Tafelspitz.

Variante: Röstapfel-Kren

Für 4 Portionen | 2 säuerliche Äpfel (z. B. Boskop) schälen, vierteln und die Kerngehäuse herausschneiden. Das Fruchtfleisch fein würfeln. 2 TL Butter mit je 1 Prise Salz und Zimtpulver in einer Pfanne erhitzen. Die Apfelwürfel, 2 EL Zucker und 2 EL Zitronensaft hinzufügen. Bei mittlerer Hitze 6 – 8 Min. garen, bis die Äpfel weich und hellbraun karamellisiert sind, dafür gegen Ende der Garzeit gegebenenfalls die Temperatur kurz erhöhen. 2 – 3 cm Meerrettichwurzel schälen und mit der Küchenreibe fein reiben. 2 EL Aceto balsamico bianco unter die Apfelmasse rühren und diese mit 2 – 3 EL Wasser bis zur gewünschten Konsistenz verdünnen. Dann ca. 3 EL geriebenen Meerrettich unterrühren. Den Röstapfel-Kren mit Salz und Meerrettich abschmecken. Er passt gut zu Fleisch und ist gekühlt ca. 1 Woche haltbar.

Klassische Mayonnaise

Königin der kalten Saucen
Zubereitung: ca. 15 Min. | Haltbarkeit: gekühlt 2 Tage | Pro Glas: ca. 2310 kcal

Für 1 Glas (ca. 300 ml)

1 Knoblauchzehe (nach
  Belieben)
2 frische Eigelbe (Gr. M)
1 EL Rotweinessig
1 TL Zitronensaft
1 TL Dijon-Senf
½ TL Honig | Salz
250 ml neutrales Öl
weißer Pfeffer

1 Für dieses Rezept sollten alle Zutaten Zimmertemperatur haben. Nach Belieben die Knoblauchzehe schälen, halbieren und einen hohen Rührbecher damit ausreiben. Eigelbe, Essig, Zitronensaft, Senf, Honig und 1 Prise Salz in den Rührbecher geben und mit den Quirlen des Handrührgeräts kräftig verrühren (**Bild 1**).

2 Zunächst 100 ml Öl tröpfchenweise dazugeben und jeweils gut unterrühren (**Bild 2**). Dann das restliche Öl in einem dünnen Strahl unter Rühren dazulaufen lassen (**Bild 3**), bis eine cremige Mayonnaise entstanden ist. Die Mayonnaise mit Salz, weißem Pfeffer und nach Belieben noch etwas Essig oder Zitronensaft abschmecken.

Variante: Vegane Mayonnaise

Für 1 Glas (300 ml) | Alle Zutaten sollten Zimmertemperatur haben. **150 ml Walnussöl** bereitstellen. Nach Belieben **1 Knoblauchzehe** schälen, halbieren und einen hohen Rührbecher damit ausreiben. **100 g Sojasahne, 1 EL Zitronensaft, 1 EL Rotweinessig, 1 TL Dijon-Senf, ½ TL Ahornsirup** oder **Agavendicksaft, 1 Prise Salz** und nach Belieben **1 Mini-Prise Kala Namak** (indisches Salz mit hohem Schwefelgehalt; erhältlich in gut sortierten Gewürzläden) in den Rührbecher geben und mit den Quirlen des Handrührgeräts kräftig verrühren. Zunächst 50 ml Öl tröpfchenweise dazugeben und jeweils gut unterrühren. Dann das restliche Öl in einem dünnen Strahl unter Rühren dazulaufen lassen, bis eine cremige Mayonnaise entstanden ist. Die Mayonnaise mit **Salz, weißem Pfeffer** und nach Belieben noch etwas **Essig** oder **Zitronensaft** abschmecken. Sie ist gekühlt 2 Tage haltbar.

Clever variieren

Für Wasabi-Mayonnaise einfach **1–2 TL Wasabipaste** mit **Eigelben** oder **Sojasahne** mischen. Statt Rotweinessig und Zitronensaft **Limettensaft** und zusätzlich die abgeriebene Schale von **1 Bio-Limette** verwenden.

Aïoli

französische Kult-Knoblauch-Creme | *Zubereitung: ca. 10 Min.* | *Haltbarkeit: gekühlt 2 Tage* | *Pro Portion: ca. 305 kcal*

Für 4 Portionen

75 ml Vollmilch
4 Knoblauchzehen
2 TL Dijon-Senf
1 – 2 TL Zitronensaft
1 – 2 Tropfen flüssiger Honig
Salz
125 ml Olivenöl oder
  neutrales Öl
weißer Pfeffer (nach Belieben)

1 Für dieses Rezept sollten alle Zutaten Zimmertemperatur haben – die Milch dafür z. B. 15 Sek. in der Mikrowelle erwärmen. Die Knoblauchzehen schälen und grob würfeln.

2 Milch mit Knoblauch, Senf, 1 TL Zitronensaft, Honig und ½ TL Salz in einen hohen Becher geben. Die Zutaten mit dem Stabmixer fein pürieren. Das Öl unter weiterem Pürieren zuerst tropfenweise, dann in einem dünnen Strahl dazulaufen lassen, bis eine dickliche, cremige Sauce entstanden ist.

3 Die Aïoli mit Salz, Honig, Zitronensaft und nach Belieben etwas weißem Pfeffer abschmecken. Aïoli ist eine absolute Allrounderin. Sie schmeckt zu knusprigem Baguette ebenso gut wie zu gegrilltem Fleisch, Fisch und Gemüse. Perfekt auch zu Fondue, Ofengemüse, Kartoffelecken und Pommes.

Rouille

Genuss aus der Provence | *Zubereitung: ca. 10 Min.* | *Haltbarkeit: gekühlt 2 Tage* | *Pro Portion: ca. 240 kcal*

Für 4 Portionen

1 Knoblauchzehe
50 ml Olivenöl
50 ml neutrales Öl
1 Stück eingelegte gegrillte
    Paprika (aus dem Glas)
1 frisches Eigelb (Gr. M)
1 TL Dijon-Senf
1 – 2 TL Zitronensaft
2 Tropfen Honig
1 Msp. edelsüßes Paprika-
    pulver
1 Msp. Cayennepfeffer
½ Döschen Safranfäden
Kräutersalz
Pfeffer

1 Für dieses Rezept sollten alle Zutaten Zimmertemperatur haben. Die Knoblauchzehe schälen und grob würfeln. Das Olivenöl und das neutrale Öl in einem Becher verrühren. Die Paprika abtropfen lassen und grob würfeln.

2 Eigelb, Paprikawürfel, Knoblauch, Senf, 1 TL Zitronensaft, Honig, Paprikapulver, Cayennepfeffer, Safran und ½ TL Kräutersalz in einen hohen Becher geben und alles mit dem Stabmixer fein pürieren. Das Öl unter weiterem Pürieren zuerst tropfenweise, dann in einem dünnen Strahl dazulaufen lassen, bis eine dickliche, cremige Sauce entstanden ist.

3 Rouille mit Salz, Zitronensaft und Pfeffer abschmecken. In Frankreich wird Rouille traditionell zu Fischsuppen wie der berühmten Bouillabaisse serviert. Die Sauce passt gut zu Fisch und Meeresfrüchten, kann aber auch wie Aïoli zum Grillen, zu Fondues oder Kartoffeln gereicht werden.

Klassische Remoulade

Klassiker fürs kalte Büfett | *Zubereitung: ca. 10 Min.* | *Haltbarkeit: gekühlt 2 Tage* | *Pro Portion: ca. 390 kcal*

Für 4 Portionen

2 Cornichons
1 EL eingelegte Kapern
2 Sardellenfilets (in Öl)
1 TL rosa Pfefferbeeren
  (nach Belieben)
200 g Mayonnaise
  (Fertigprodukt oder
  Rezept Seite 23)
2 EL gehackte Kräuter
  (Kerbel, Dill,
  Schnittlauch)
1 TL Sahnemeerrettich
  (nach Belieben)
Salz | Zucker
Zitronensaft | Zucker

1 Die Cornichons fein würfeln, die Kapern hacken. Die Sardellenfilets mit einer Gabel fein zerdrücken. Nach Belieben rosa Pfefferbeeren im Mörser grob zerstoßen.

2 Die Mayonnaise mit Cornichons, Kapern, Kräutern und Sardellen sowie nach Belieben mit Pfefferbeeren und Sahnemeerrettich verrühren.

3 Die Remoulade mit Salz, Pfeffer, Zitronensaft und Zucker abschmecken, auf vier Schälchen verteilen und servieren. Sie passt zu paniertem Fisch, gekochten Eiern, Roastbeef, kaltem Braten und Sandwiches.

Clever variieren

Für eine Krabbenremoulade Pfefferbeeren, Kräuter und Sahnemeerrettich weglassen. **50 g geschälte, gegarte Krabben (in Salzlake)** abtropfen lassen und fein würfeln. **1 Tomate** waschen und halbieren, dabei den Stielansatz entfernen. Die Hälften ebenfalls fein würfeln. Krabben, Tomaten, **2 EL gehackten Dill** und **1 TL Limettensaft** unter die Remoulade rühren. Mit Salz, Pfeffer und Zucker würzen.

Dänische Remoulade

Muss zu Hot-Dogs | *Zubereitung: ca. 10 Min.* | *Ziehen: ca. 10 Min.* | *Haltbarkeit: gekühlt 2 Tage* | *Pro Portion: ca. 90 kcal*

Für 4 Portionen

1 kleines Glas Mixed Pickles
2 EL Mayonnaise (Fertigprodukt
  oder Rezept Seite 23)
2 EL saure Sahne
2 TL mittelscharfer Senf oder
  Dijon-Senf
1 – 2 TL Aprikosenfrucht-
  aufstrich
1 TL Zitronensaft
½ TL Currypulver
Kräutersalz
Pfeffer | Zucker

1 Gurken, Blumenkohl, Silberzwiebeln und Möhrenscheiben aus den Mixed Pickles herausnehmen und abtropfen lassen. 60 g davon abwiegen und sehr fein würfeln.

2 Mayonnaise mit saurer Sahne, Senf, 1 TL Aprikosenfrucht-aufstrich, Zitronensaft, Currypulver und gewürfelten Mixed Pickles verrühren. Die Remoulade 10 Min. ziehen lassen.

3 Remoulade mit Aprikosenfruchtaufstrich, Kräutersalz, Pfeffer, 1 Prise Zucker und 1 – 2 TL Mixed-Pickles-Sud ab-schmecken. Die Remoulade passt zu Hamburgern und Hot Dogs (siehe Cleveres Dazu Seite 97), gebratenen und panierten Fischstücken, Hähnchenteilen oder Schnitzeln.

Clever variieren

Statt Mixed Pickles nach Belieben die gleiche Menge sehr fein gehackte **Cornichons** und **Weißkohl-** oder **Spitzkohlblätter** verwen-den. Dann mit **Gurken-** oder **Rotweinessig** abschmecken.

Cocktailsauce

einfach, schnell – gut!
Zubereitung: ca. 5 Min. | Haltbarkeit: gekühlt 2 Tage | Pro Portion: ca. 170 kcal

Für 4 Portionen

80 g Mayonnaise (Fertig-
produkt oder Rezept Seite 23)
40 g Joghurt
½ EL Tomatenmark
½–1 EL Weißweinessig
1 TL Meerrettich (aus dem Glas)
1 TL Dijon-Senf
1 EL Orangensaft
1 EL Vermouth (z. B. Martini
bianco; nach Belieben)
Salz | Pfeffer
Zucker

1 Die Mayonnaise in einer Schüssel mit Joghurt, Tomatenmark, ½ EL Essig, Meerrettich, Senf, Orangensaft und nach
Belieben Vermouth verrühren.

2 Die Sauce mit Salz, Pfeffer, Zucker und eventuell noch etwas Essig abschmecken. Die Cocktailsauce wird klassischerweise zu Krabben-Cocktail (siehe Cleveres Dazu) gereicht.
Sie passt aber auch zu geräuchertem Fisch, Meeresfrüchten,
kaltem Braten, Roastbeef und gegrilltem Fleisch oder Fisch.
Darüber hinaus kann sie als Salatsauce verwendet werden.

Cleveres Dazu: Krabben-Cocktail

Für 4 Portionen | 1 rosa **Grapefruit** filetieren,
die Filets dritteln. **250 g Cocktailtomaten** waschen und halbieren. **2 Frühlingszwiebeln** putzen, waschen und in Ringe schneiden. **200 g gegarte Garnelen** kalt abspülen und abtropfen
lassen. 12 Garnelen beiseitelegen, die restlichen
klein schneiden. Von **2 Romana-Salatherzen**
12 Blätter ablösen, waschen und trocken schleudern. Die Blätter quer halbieren, die oberen Hälften beiseitelegen, die unteren in feine Streifen
schneiden. Den Rest der Salatherzen anderweitig
verwenden. Grapefruit, Tomaten, Salatstreifen
und klein geschnittene Garnelen in einer Schüssel mischen. Die Salatblätter aufrecht in vier große Cocktailschalen stellen und die Salatmischung
mittig hineinsetzen. Je mit 3–4 EL Cocktailsauce
beträufeln. Restliche Garnelen darauf anrichten.
Etwas Pfeffer darübermahlen, mit gehackten
Dillspitzen oder **Kresse** und jeweils **1 Zitronen-
spalte** garniert servieren.

Drei-Pfeffer-Sauce

blitzschnell angerührt | *Zubereitung: ca. 10 Min.* | *Haltbarkeit: gekühlt 2 Tage* | *Pro Portion: ca. 195 kcal*

Für 4 Portionen

1 TL schwarze Pfefferkörner
1 TL rosa Pfefferbeeren
je 1 TL eingelegte grüne Pfefferkörner und Pfeffersud (aus
   dem Glas)
1 Knoblauchzehe
100 g Mayonnaise (Fertig-
   produkt oder Rezept Seite 23)
50 g Joghurt
1 TL Weißweinessig
1 TL Zucker
Kräutersalz

1 Den schwarzen Pfeffer und die rosa Pfefferbeeren im Mörser sehr fein zerstoßen. Die grünen Pfefferkörner sehr fein
hacken. Den Knoblauch schälen.

2 Die Mayonnaise mit Joghurt, Weißweinessig, Pfeffersud
und Zucker verrühren. Den Knoblauch dazupressen und
alle vorbereiteten Pfeffersorten unterrühren. Die Sauce
5 Min. ziehen lassen.

3 Die Sauce mit Kräutersalz abschmecken. Die Drei-Pfeffer-
Sauce passt hervorragend zu Fondue, gebratenen Schweine-
lenden oder -filets und Grillfleisch, aber auch zu Kartoffelecken, gegrillten Zucchini und Pilzen sowie Ofengemüse.

Variante: Drei-Pfeffer-Aufstrich

Für 4 Portionen | 100 g Frischkäse mit **1 EL Mayonnaise**,
2 EL Joghurt sowie **Gewürzen, Knoblauch, Essig** und **Zucker**
wie im Rezept beschrieben verrühren. Mit **Kräutersalz** abschmecken. Passt zu Baguette, Ciabatta oder Walnussbrot.

Currysauce

eins, zwei, drei … fertig! | *Zubereitung: ca. 5 Min.* | *Haltbarkeit: gekühlt 2 Tage* | *Pro Portion: ca. 225 kcal*

Für 4 Portionen

1 Schalotte (nach Belieben)
100 g Mayonnaise (Fertig-
 produkt oder Rezept Seite 23)
50 g Joghurt
2 EL Aprikosenfruchtaufstrich
2 – 3 TL Weißweinessig
1 TL Zucker
2 – 3 TL Currypulver
1 Knoblauchzehe
Kräutersalz | Pfeffer

1 Nach Belieben die Schalotte schälen und sehr fein würfeln. Die Mayonnaise mit Joghurt, Aprikosenfruchtaufstrich, 2 TL Essig, Zucker und 2 TL Currypulver glatt verrühren. Falls verwendet, die Schalotte unterrühren.

2 Knoblauch schälen und dazupressen. Sauce mit Curry, Essig, Kräutersalz und Pfeffer abschmecken. Sie passt zu Fondue, Grillfleisch, Gemüse, paniertem Fisch und Garnelen.

Cleveres Dazu: Ofen-Paprika

Für 4 Portionen | Backofen auf 220° vorheizen. **Je 1 gelbe, rote** und **grüne Paprikaschote** halbieren, entkernen, waschen, in Streifen schneiden und in eine Auflaufform (20 × 30 cm) geben. **4 Knoblauchzehen** schälen, in Scheiben schneiden und mit **2 EL gehacktem Rosmarin** über die Paprika streuen. Mit **4 EL Olivenöl** beträufeln. Ofentemperatur auf 200° herunterschalten. Paprika im Backofen (Mitte, Umluft 180°) 25 Min. backen. Mit Salz und grob gemahlenem Pfeffer bestreuen.

Basic-Vinaigrette mit Herbstsalat

Franzose mit Variationspotential
Zubereitung: 5 Min. (Vinaigrette), 20 Min. (Salat) | Haltbarkeit: gekühlt 2 Tage | Pro Portion: ca. 610 kcal

Für 4 Portionen

Für die Vinaigrette:

3 EL Weißweinessig
1 TL Dijon-Senf
Salz
2 – 3 TL Honig
6 EL Öl
Pfeffer

Für den Herbstsalat:

1 kleiner Radicchio
150 g Feldsalat
2 säuerliche Äpfel
  (z. B. Boskop)
1 EL Butter
50 g Walnusskerne
50 g getrocknete Cranberrys
2 TL Zucker
2 TL Zitronensaft
Salz | Pfeffer
Zimtpulver
120 g Bergkäse (z. B. Stiltser)
4 Scheiben Walnussbrot

1 Für die Vinaigrette Essig, Senf, 1 Prise Salz und 2 TL Honig in einer Schüssel mit dem Schneebesen verrühren. Nach und nach unter Rühren das Öl dazulaufen lassen. Die Vinaigrette mit Salz, Pfeffer und Honig abschmecken.

2 Für den Herbstsalat vom Radicchio den Strunk keilförmig herausschneiden und den Kopf in die einzelnen Blätter zerteilen. Den Feldsalat putzen. Beide Salatsorten waschen und trocken schleudern. Die Radicchioblätter in mundgerechte Stücke zupfen.

3 Die Äpfel waschen, halbieren und die Kerngehäuse entfernen. Die Apfelhälften in schmale Spalten schneiden. Die Butter in einer Pfanne erhitzen. Die Apfelscheiben mit den Walnüssen und den Cranberrys darin anbraten, bis sie leicht gebräunt sind. Zucker und Zitronensaft dazugeben und alles leicht karamellisieren lassen. Mit Salz, Pfeffer und etwas Zimtpulver würzen.

4 Die Blattsalate in einer Schüssel vorsichtig mit der Vinaigrette vermischen und auf Teller verteilen. Den Käse klein würfeln und darüberstreuen. Die Apfelmischung auf dem Salat verteilen und das Walnussbrot dazu servieren.

Clever variieren

Wer mag, rührt noch **1 EL Schalotten**- oder **1 TL Knoblauchwürfel** unter die Vinaigrette. **Gehackte Kräuter** (Petersilie, Estragon, Kerbel, Dill, Schnittlauch) verleihen einer Vinaigrette ein frühlingsfrisches Kräuteraroma. Der Essig kann nach persönlicher Vorliebe variiert werden – hervorragend schmecken z. B. Holunderblüten- oder Himbeeressig – und auch ganz oder teilweise durch Zitronen- oder Limettensaft ersetzt werden. Auch beim Öl gibt es unzählige Variationsmöglichkeiten, von Olivenöl über Rapsöl bis zum Walnussöl ist alles erlaubt, was schmeckt.

Steirisches Salatdressing

schmeckt wie auf der Hütt'n | *Zubereitung: ca. 10 Min.* | *Haltbarkeit: gekühlt 2 Tage* | *Pro Portion: ca. 160 kcal*

Für 4 Portionen

6 – 8 Schnittlauchhalme
4 EL Apfelessig
1 EL Honig
2 TL Dijon-Senf
Kräutersalz
1 Knoblauchzehe
4 EL Rapsöl
2 EL Kürbiskernöl | Pfeffer

1 Den Schnittlauch waschen, trocken tupfen und in feine Ringe schneiden. Den Apfelessig mit dem Honig, dem Senf und ½ TL Kräutersalz in einer Schüssel verrühren. Den Knoblauch schälen und dazupressen.

2 Das Raps- und das Kürbiskernöl nach und nach unter die Essigmischung in der Schüssel schlagen. Das Dressing mit Kräutersalz und Pfeffer abschmecken und die Schnittlauchröllchen unterrühren. Steirisches Dressing passt zu Blattsalaten wie z. B. Lollo Rosso, Rucola oder Feldsalat.

Cleveres Dazu: Steirischer Salat

Für 4 Portionen | In einem Topf **4 festkochende Kartoffeln** mit Wasser bedeckt bei schwacher Hitze 25 Min. gar kochen lassen. Inzwischen **250 g Cocktailtomaten** waschen und halbieren. **1 Kopf Gartensalat** putzen, waschen und trocken schleudern, die Blätter etwas klein zupfen. **4 EL Kürbiskerne** in einer kleinen Pfanne ohne Fett leicht rösten. **150 g Bacon-Streifen** in einer Pfanne beidseitig knusprig braten. Die Kartoffeln abgießen, noch heiß pellen und in Scheiben schneiden. Alles auf Tellern anrichten, nach Belieben **4 pochierte Eier** darauflegen. Mit dem Steirischen Salatdressing beträufeln und mit **Schnittlauchröllchen** garnieren.

Caesar's Dressing

amerikanisch-italienisch | *Zubereitung: ca. 10 Min.* | *Haltbarkeit: gekühlt 2 Tage* | *Pro Portion: ca. 250 kcal*

Für 4 Portionen

2 Knoblauchzehen
2 frische Eigelbe (M)
1 EL Weißweinessig
1 – 2 EL Zitronensaft
1 TL Zucker
1 – 2 EL Worcestershiresauce
Kräutersalz
100 ml Olivenöl
Pfeffer

Clever gewusst

Angst vor rohen Eiern? Dann 2 Eier je 10 Min. kochen und pellen. Die Eigelbe herauslösen und wie im Rezept beschrieben verarbeiten.

1 Für dieses Rezept sollten alle Zutaten Zimmertemperatur haben. Den Knoblauch schälen und grob würfeln. Die Eigelbe mit Knoblauch, Essig, 1 EL Zitronensaft, Zucker, 1 EL Worcestershiresauce und 1 TL Kräutersalz in einen hohen Becher geben.

2 Die Eigelbe-Mischung mit dem Stabmixer pürieren. Das Olivenöl unter weiterem Pürieren zunächst tropfenweise, dann in einem dünnen Strahl dazugeben, bis eine cremige Sauce entstanden ist.

3 Die Sauce mit ca. 50 ml Wasser bis zur gewünschten Konsistenz verdünnen. Mit Kräutersalz, Pfeffer, Zitronensaft und Worcestershiresauce abschmecken. Caesar's Dressing passt gut zu allen Blattsalaten, aber auch zu Nudel- und Kartoffelsalaten. Klassisch wird es mit Romanasalat, gehobeltem Parmesan und knusprigen Croûtons serviert, gern auch ergänzt durch Hähnchenbrust, Garnelen oder in dünne Scheiben geschnittene Avocado.

Honig-Balsamico-Dressing
mit Sommersalat

Mittelmeerurlaub auf dem Teller
Zubereitung: ca. 5 Min. (Sauce), ca. 15 Min. (Salat) | Haltbarkeit: gekühlt 1 Woche | Pro Portion: ca. 695 kcal

Für 4 Portionen

Für das Dressing:

3 EL Aceto balsamico
1 EL Honig | 2 TL Dijon-Senf
Kräutersalz
½ Knoblauchzehe
3 EL Walnussöl
3 EL Rapsöl (oder neutrales Öl)
Pfeffer
1 EL gehackte Kräuter
  (z. B. Basilikum, Schnittlauch,
  Dill, Kerbel, Minze, Petersilie;
  nach Belieben)

Für den Sommersalat:

150 g gemischte Blattsalate
200 g Erdbeeren
80 g Pinienkerne
8 Ziegenfrischkäsetaler
  (à ca. 40 g)
16 Scheiben Frühstücksspeck
  (Bacon)

1 Für das Dressing Essig mit Honig, Senf und ½ TL Kräutersalz in einer Schüssel verrühren. Knoblauch schälen und dazupressen. Beide Ölsorten nach und nach unterschlagen.

2 Das Dressing mit Kräutersalz und Pfeffer abschmecken. Nach Belieben gehackte Kräuter unterrühren. Balsamico-Senf-Dressing passt zu allen mediterran angehauchten Salaten, Feldsalat, Rucola, Tomatensalat und Thunfischsalat aber auch sehr gut zu fruchtigen Salaten, z. B. mit Erdbeeren (siehe Variante).

3 Für den Sommersalat die Blattsalate waschen und trocken schleudern. Die Erdbeeren waschen, putzen und halbieren. Die Pinienkerne in einer kleinen Pfanne ohne Fett rösten. Jeden Ziegenfrischkäsetaler über kreuz in 2 Scheiben Speck einrollen und in einer Pfanne ohne Fett von beiden Seiten anbraten, bis der Speck leicht gebräunt ist und der Käse zu zerlaufen beginnt.

4 Blattsalate, Pinienkerne und die Hälfte der Erdbeeren in einer Schüssel mit dem Honig-Balsamico-Dressing vorsichtig vermischen und auf Teller verteilen. Restliche Erdbeeren und Ziegenkäse darauf anrichten.

Variante: Crema di Balsamico

Für 200 ml | **300 ml Aceto balsamico** mit **200 ml rotem Traubensaft, 4 EL Zucker** und **1 EL Honig** in einem Topf ca. 25 Min. offen bei mittlerer Hitze auf ein Drittel einkochen lassen. 1 EL Wasser unterrühren. Die Crema di Balsamico in ein sauberes Twist-off-Glas füllen und verschließen. Sie eignet sich für Salate, Pasta- und Fleischgerichte.

HEISSE LIEBE – KETCHUP, SALSAS, GRILLSAUCEN

Ob zum Grillen oder zu Fondue, kaum jemand kann Ketchup, Barbecuesaucen oder würzigen Salsas widerstehen. Besonders, wenn sie auch einmal ganz neu, ganz anders daherkommen. Läuft Ihnen auch schon beim Klang von Apfel-Paprika-Ketchup, Caribbean Barbecuesauce oder Tomaten-Ananas-Salsa das Wasser im Mund zusammen? Dann sind Sie hier genau richtig!

Curryketchup

auf Wurst und Pommes ein Genuss | Zubereitung: ca. 20 Min. | Haltbarkeit: gekühlt 4 Wochen | Pro Glas: ca. 370 kcal

Für 1 Glas (ca. 300 ml)

1 Zwiebel
1 Knoblauchzehe
70 ml Apfelessig
70 g Zucker
100 g Tomatenmark
3 TL Currypulver
1 TL gelbes Senfmehl
1 TL edelsüßes Paprikapulver
Salz

1 Die Zwiebel und den Knoblauch schälen und fein würfeln. Beides mit dem Essig, dem Zucker und 150 ml Wasser in einen Topf geben, zum Kochen bringen und offen bei mittlerer Hitze 6 – 7 Min. kochen lassen.

2 Das Tomatenmark, das Currypulver, das Senfmehl und das Paprikapulver in den Topf geben und die Mischung nochmals kurz aufkochen lassen. Den Topf vom Herd nehmen und alles mit dem Stabmixer fein pürieren.

3 Den Curryketchup mit Salz abschmecken. Heiß in ein sauberes Twist-off-Glas oder eine kleine Ketchupflasche füllen und verschließen.

Gelber Ketchup

optisch und geschmacklich ein Highlight | *Zubereitung: ca. 1 Std.* | *Haltbarkeit: gekühlt 4 Wochen* | *Pro Glas: ca. 515 kcal*

Für 1 Glas (ca. 300 ml)

3 Aprikosen
250 g gelbe Cocktailtomaten
2 Schalotten
90 g Zucker
100 ml Apfelessig
1 TL gemahlene Kurkuma
Salz
1 TL gelbes Senfmehl
weißer Pfeffer (nach Belieben)

1 Die Aprikosen oben und unten kreuzweise einritzen und in einem Topf mit kochendem Wasser 1 Min. blanchieren. Die Tomaten dazugeben und 1 Min. mitblanchieren. Beides mit einem Schaumlöffel herausheben, kalt abschrecken und abtropfen lassen. Aprikosen halbieren, entsteinen und häuten. Tomaten häuten.

2 Die Schalotten schälen. Mit Aprikosen, Tomaten, Zucker, Essig, Kurkuma, 1 Prise Salz sowie 80 ml Wasser in einem Topf aufkochen und mit leicht geöffnetem Deckel 10 Min. bei schwacher Hitze köcheln lassen. Vom Herd nehmen und mit dem Stabmixer fein pürieren. Zurück auf den Herd stellen und weitere 16 – 18 Min. offen einköcheln lassen.

3 Das Senfmehl unterrühren, nach Belieben mit etwas Wasser verdünnen. Den Ketchup mit Salz und nach Belieben weißem Pfeffer abschmecken. Heiß in ein sauberes Twist-off-Glas füllen oder abkühlen lassen und anschließend in eine Ketchupflasche füllen.

Apfel-Paprika-Ketchup

Tomatenketchup, nimm dich in Acht!
Zubereitung: ca. 40 Min. | Haltbarkeit: gekühlt 4 Wochen | Pro Glas: ca. 445 kcal

Für 1 Glas (ca. 250 ml)

1 rote Paprikaschote
1 Apfel (z. B. Braeburn)
80 g Zucker
50 ml Weißweinessig
2 Gewürznelken
1 Wacholderbeere
Zimtpulver
Salz
edelsüßes Paprikapulver
Cayennepfeffer

1 Die Paprikaschote halbieren, entkernen und waschen, die Hälften jeweils dritteln. Die Paprikastücke in kochendem Wasser ca. 2 ½ Min. blanchieren, dann herausnehmen und etwas ruhen lassen. Die Paprikastücke leicht biegen, bis sich die Haut etwas wellt. Die Haut mit einem Messer abziehen und das Fruchtfleisch würfeln. Den Apfel schälen, vierteln und das Kerngehäuse entfernen. Die Apfelviertel würfeln.

2 Die Apfel- und Paprikawürfel in einem Topf mit dem Zucker, dem Essig, 50 ml Wasser, den Nelken, der angedrückten Wacholderbeere und 1 Prise Zimt aufkochen und mit leicht geöffnetem Deckel bei schwacher bis mittlerer Hitze 10 Min. köcheln lassen.

3 Die Nelken und die Wacholderbeere mit einem Löffel aus dem Topf entfernen. Die Apfel-Paprika-Mischung mit dem Stabmixer fein pürieren, dann offen bei mittlerer Hitze weitere 15 – 20 Min. dicklich einkochen lassen.

4 Den Ketchup mit etwas Salz, ca. ½ TL Paprikapulver und 1 Prise Cayennepfeffer abschmecken. In ein sauberes Twist-off-Glas oder eine Glasflasche füllen und verschließen oder abkühlen lassen und in eine Quetschflasche füllen.

Stevia-Ketchup

zuckerreduziert & kalorienarm | *Zubereitung: ca. 25 Min.* | *Haltbarkeit: gekühlt 4 Wochen* | *Pro Glas: ca. 300 kcal*

Für 1 Glas (ca. 250 ml)

1 Schalotte
1 Knoblauchzehe
40 – 50 g Zucker
60 ml Rotweinessig
1 Dose stückige Tomaten
(400 g)
3 – 4 g Stevia-Pulver
(1 TL entspricht der Süßkraft
von 1 TL Zucker)
Salz
1 Lorbeerblatt
1 Prise edelsüßes Paprikapulver
1 Prise Zimtpulver

1 Die Schalotte und den Knoblauch schälen, Schalotte fein würfeln und Knoblauch halbieren. Die Schalotten mit 40 g Zucker in einem Topf erhitzen und hellbraun karamellisieren lassen. Den Knoblauch dazugeben und kurz im Topf schwenken.

2 Mit dem Essig ablöschen, dann die Tomaten, 3 g Stevia-Pulver und 1 Prise Salz dazugeben. Das Lorbeerblatt sowie das Paprika- und Zimtpulver hinzufügen. Die Mischung aufkochen und bei schwacher bis mittlerer Hitze 10 – 12 Min. einkochen lassen.

3 Knoblauch und Lorbeerblatt aus dem Topf entfernen. Die Mischung mit dem Stabmixer fein pürieren und den Ketchup mit Salz, Stevia-Pulver und Zucker abschmecken. Heiß in ein sauberes Twist-off-Glas oder eine Glasflasche füllen und verschließen oder abkühlen lassen und in eine Quetschflasche füllen.

Ingwerketchup

orangenfruchtig & ingwerwürzig | *Zubereitung: ca. 20 Min.* | *Haltbarkeit: gekühlt 4 Wochen* | *Pro Glas: ca. 485 kcal*

Für 1 Glas (ca. 350 ml)

1 Zwiebel
1 Knoblauchzehe
30 g Ingwer
1 Bio-Orange
70 ml Apfelessig
80 g Zucker
2 TL Sojasauce
125 g Tomatenmark
Salz
rosenscharfes Paprikapulver
  (nach Belieben)

1 Die Zwiebel, den Knoblauch und den Ingwer schälen und fein würfeln. Die Orange heiß waschen, trocken reiben und die Schale abreiben. Orange halbieren, den Saft auspressen und 50 ml davon abmessen.

2 Zwiebel, Knoblauch, Ingwer und Orangensaft mit Essig, Zucker, 125 ml Wasser und Sojasauce in einem Topf aufkochen und offen bei mittlerer Hitze 6 – 7 Min. kochen lassen.

3 Das Tomatenmark und die Hälfte der Orangenschale dazugeben, alles mit dem Stabmixer pürieren und weitere 1 – 2 Min. köcheln lassen. Den Ketchup mit Salz, Orangenschale und nach Belieben rosenscharfem Paprikapulver abschmecken. Heiß in ein sauberes Twist-off-Glas oder eine Glasflasche füllen und verschließen oder abkühlen lassen und in eine Quetschflasche füllen.

Cola-Barbecuesauce

made in America
Zubereitung: ca. 25 Min. | Haltbarkeit: gekühlt 4 Wochen | Pro Flasche: ca. 370 kcal

Für 1 Flasche (ca. 300 ml)

1 Zwiebel
1 Knoblauchzehe
100 g Cornichons
30 g Zucker
3 EL Tomatenmark
330 ml Cola
2 EL Worcestershiresauce
2 EL Apfelessig
50 ml Cornichons-Sud
1 TL geräucherte Chiliflocken
   (z. B. Chipotle)
Rauchsalz (Salz mit
   Raucharoma; aus dem
   Gewürzladen)
Pfeffer

1 Die Zwiebel und den Knoblauch schälen und grob würfeln. Die Cornichons ebenfalls grob würfeln. Zwiebel, Knoblauch und Cornichons im Blitzhacker fein zerkleinern.

2 Den Zucker in einem Topf bei mittlerer Hitze hellbraun karamellisieren lassen. Das Tomatenmark dazugeben und kurz mitrösten. Mit Cola ablöschen. Worcestershiresauce, Apfelessig, Cornichons-Sud, vorbereitete Zwiebemischung, Chiliflocken und 1 Prise Rauchsalz dazugeben. Alles zum Kochen bringen und offen bei mittlerer Hitze ca. 15 Min. dicklich einkochen lassen.

3 Die Sauce mit dem Stabmixer fein pürieren und mit Rauchsalz und Pfeffer abschmecken. Heiß in ein sauberes Twist-off-Glas oder eine Glasflasche füllen und verschließen oder abkühlen lassen und in eine Quetschflasche füllen. Die Cola-Barbecuesauce schmeckt besonders zu dunklem Grillfleisch wie Rind und Lamm, aber auch zu Spareribs.

Clever verwenden

Die Cola-Barbecuesauce kann auch wunderbar **zum Marinieren von Grillfleisch** verwendet werden. Dieses etwa 2 Std. in der Sauce marinieren und dann während des Grillens immer wieder mit der Marinade bestreichen.

Whiskey-Barbecuesauce

mit deftigem Raucharoma | *Zubereitung: ca. 20 Min.* | *Haltbarkeit: gekühlt 4 Wochen* | *Pro Glas: ca. 590 kcal*

Für 1 Glas (ca. 250 ml)

2 EL Tomatenmark
2 EL Worcestershiresauce
3 EL Aceto balsamico
1 TL schwarze Pfefferkörner
1 Prise geräucherte
  Chiliflocken (Chipotle;
  aus dem Gewürzladen)
2 Knoblauchzehen
1 Zwiebel
60 g Roh-Rohrzucker
100 ml Whiskey (Bourbon)
Rauchsalz (Salz mit
  Raucharoma; aus dem
  Gewürzladen)

1 Tomatenmark, Worcestershiresauce und Essig in einem Schälchen verrühren. Pfeffer im Mörser grob zestoßen und mit den Chiliflocken unter die Tomatenmarkmischung rühren. Knoblauch schälen und dazupressen.

2 Die Zwiebel schälen, fein würfeln und mit dem Zucker in einem Topf bei mittlerer Hitze 3 – 4 Min. karamellisieren lassen. Mit dem Whiskey ablöschen. 50 ml Wasser und 1 TL Rauchsalz dazugeben, aufkochen und ca. 4 Min. bei mittlerer Hitze köcheln lassen.

3 Die Whiskey-Zwiebel-Mischung in einen hohen Becher geben, mit dem Stabmixer fein pürieren und zurück in den Topf geben. Tomatenmischung dazugeben, erneut aufkochen und noch ca. 2 Min. köcheln lassen. Die Sauce mit Rauchsalz abschmecken. Heiß in ein sauberes Twist-off-Glas oder eine Glasflasche füllen und verschließen oder abkühlen lassen und in eine Quetschflasche füllen. Die Sauce schmeckt perfekt zu Grillfleisch und Kartoffelecken.

Caribbean Barbecuesauce

fruchtig-pikante Überraschung | *Zubereitung: ca. 15 Min.* | *Haltbarkeit: gekühlt 4 Wochen* | *Pro Glas: ca. 250 kcal*

Für 1 Glas (ca. 250 ml)

1 Zwiebel | 1 Knoblauchzehe
15 g Ingwer
250 ml gelber Smoothie (z. B.
  Mango-Maracuja-Smoothie)
2 EL Tomatenmark
20 g Roh-Rohrzucker
2 Gewürznelken
½ TL Currypulver
1 Prise geräucherte
  Chiliflocken (Chipotle;
  aus dem Gewürzladen)
1 TL eingelegte grüne Pfefferkörner (plus 2 EL Pfeffersud;
  aus dem Glas)
Rauchsalz
Pfeffer | Cayennepfeffer

1 Die Zwiebel, den Knoblauch und den Ingwer schälen und fein würfeln. Alles in einem Topf mit dem Smoothie, dem Tomatenmark und dem Zucker zum Kochen bringen. Nelken, Currypulver, Chiliflocken, grüne Pfefferkörner und Pfeffersud dazugeben. Alles offen bei mittlerer Hitze ca. 5 – 7 Min. köcheln lassen.

2 Die Nelken aus der Sauce entfernen. Die Sauce mit Rauch-salz, Pfeffer und Cayennepfeffer abschmecken. Heiß in ein sauberes Twist-off-Glas oder eine Glasflasche füllen und verschließen oder abkühlen lassen und in eine Quetsch-flasche füllen. Die Sauce schmeckt zu gegrilltem Fleisch oder Fisch, aber auch zu gegrillten Paprikaschoten, Zuc-chini, Ananas und Grillkäse.

49

Steaksauce

american classic
Zubereitung: ca. 20 Min. | Haltbarkeit: gekühlt 4 Wochen | Pro Glas: ca. 310 kcal

Für 1 Glas (ca. 250 ml)

2 EL Tomatenmark
2 EL Rotweinessig
1 EL Worcestershiresauce
½ TL geräucherte Chiliflocken
  (Chipotle; aus dem
  Gewürzladen)
1 Knoblauchzehe
1 EL Roh-Rohrzucker
150 ml Orangensaft
50 g Rosinen oder Sultaninen
2 TL Dijon-Senf
Salz | Pfeffer

1 Das Tomatenmark mit dem Essig, der Worcestershire-sauce und den Chiliflocken in einem Schälchen verrühren. Den Knoblauch schälen, dazupressen und unterrühren.

2 Den Zucker in einem Topf bei mittlerer Hitze hellbraun karamellisieren lassen (**Bild 1**) und mit dem Orangensaft sowie 100 ml Wasser ablöschen. Die Rosinen dazugeben. Die Mischung aufkochen und offen bei mittlerer Hitze 5 Min. kochen lassen.

3 Die Tomatenmischung dazugeben und alles weitere 2–3 Min. kochen lassen. In einen hohen Becher umfüllen und mit dem Stabmixer fein pürieren (**Bild 2**). Das Püree zurück in den Topf geben, den Senf unterrühren und die Sauce mit Salz und Pfeffer abschmecken. Nach Belieben noch etwas einkochen lassen.

4 Die Sauce heiß in ein sauberes Twist-off-Glas oder eine Glasflasche füllen und verschließen oder abkühlen lassen und in eine Quetschflasche füllen (**Bild 3**). Die Steaksauce schmeckt sehr gut zu Rindersteaks, Holzfällersteaks, Putensteaks oder Minutensteaks vom Schwein.

Salsa Mexicana

scharf und erfrischend zugleich
Zubereitung: ca. 25 Min. | Haltbarkeit: gekühlt 1 Tag | Pro Portion: ca. 70 kcal

Für 4 Portionen

1 rote Zwiebel
2 Knoblauchzehen
2 rote Chilischoten
2 Tomaten
2 EL Limettensaft
1 EL Weißweinessig
1 – 2 TL Agavendicksaft
   (ersatzweise brauner Zucker)
2 EL Olivenöl
2 TL Tomatenmark
   (nach Belieben)
Salz | Pfeffer
5 Stängel Koriander

1 Die Zwiebel und den Knoblauch schälen und fein würfeln. Die Chilischoten längs halbieren, entkernen, waschen und ebenfalls fein würfeln. Die Tomaten waschen, halbieren und entkernen, dabei die Stielansätze entfernen. Die Tomatenhälften sehr fein würfeln.

2 Den Limettensaft mit dem Essig, 1 TL Agavendicksaft, dem Olivenöl und nach Belieben dem Tomatenmark in einer Schüssel verrühren. Zwiebel, Knoblauch, Chili und Tomaten unterrühren. Die Salsa mit Salz und Pfeffer kräftig würzen und 10 Min. ziehen lassen.

3 Den Koriander waschen und trocken schütteln, die Blätter von den Stielen zupfen und fein hacken. Den Koriander unter die Salsa rühren und diese nochmals mit Salz und Agavendicksaft abschmecken.

Cleveres Dazu: Tacos mit Hackfleisch

Für 4 Portionen | **1 orange** oder **gelbe Paprikaschote** längs halbieren, entkernen, waschen und klein würfeln. **1 rote Zwiebel** und **2 Knoblauchzehen** schälen und fein würfeln. In einer Pfanne **2 EL Olivenöl** erhitzen und **400 g Rinderhackfleisch** darin krümelig braten. Das vorbereitete Gemüse dazugeben und ca. 5 Min. mitbraten. Inzwischen **1 Dose Kidneybohnen (250 g Abtropfgewicht)** in ein Sieb abgießen, kalt abspülen und abtropfen lassen. **2 EL Tomatenmark** und **1 ½ EL Zucker** zur Hackfleischmischung geben und karamellisieren lassen. **Je 1 TL gemahlenen Koriander, Kreuzkümmel** und **Cayennepfeffer** sowie **2 TL edelsüßes Paprikapulver** dazugeben und alles gründlich mischen. **2 EL Limettensaft** und **50 ml Wasser** dazugießen, die Kidneybohnen dazugeben und noch etwas köcheln lassen, dann mit **Salz** und **Pfeffer** kräftig abschmecken. Den Backofen auf 180° vorheizen. **12 Tacos (Fertigprodukt)** mit der Öffnung nach unten auf dem mit Backpapier ausgelegten Rost im Backofen (Mitte, Umluft 160°) 2 Min. erhitzen. **100 g Cheddar** reiben. Die Tacos mit der Hackfleisch-Bohnen-Mischung füllen und mit dem geriebenen Käse bestreuen. Die Salsa darüberträufeln und sofort servieren. Wer mag, reicht nach Belieben noch einen Klecks **Sauerrahm** oder **Creme fraîche** dazu.

Tomaten-Ananas-Salsa

Karibik pur | *Zubereitung: ca. 15 Min.* | *Ziehen: 20 Min.* | *Haltbarkeit: gekühlt 1 Tag* | *Pro Portion: ca. 75 kcal*

Für 4 Portionen

1 kleine rote Zwiebel
1 Knoblauchzehe
1 – 2 rote Chilischoten
½ Bund Koriander
1 EL neutrales Öl
1 EL Limettensaft
1 – 2 TL Agavendicksaft
  (ersatzweise Honig)
Salz
200 g Ananasfruchtfleisch
2 Tomaten

1 Die Zwiebel und den Knoblauch schälen und fein würfeln. Die Chilischoten längs halbieren, entkernen, waschen und ebenfalls fein würfeln. Den Koriander waschen und trocken schütteln, die Blätter abzupfen und fein hacken.

2 Zwiebel, Knoblauch, Chili und Koriander in einer Schüssel mit Öl, Limettensaft und 1 TL Agavendicksaft verrühren. Mit Salz würzen und 10 Min. ziehen lassen.

3 Das Ananasfruchtfleisch klein würfeln. Die Tomaten waschen, halbieren und entkernen, dabei den Stielansatz entfernen. Tomatenhälften klein würfeln, mit der Ananas zur Marinade geben, gut durchrühren und alles 10 Min. ziehen lassen. Salsa mit Agavendicksaft und Salz abschmecken. Sie schmeckt gut zu Steaks, Gegrilltem, auf Sandwiches und Wraps, aber auch als Salat (dann für 4 Personen die doppelte Menge zubereiten).

Grapefruit-Granatapfel-Salsa

frisch-würziger Mix | *Zubereitung: ca. 20 Min.* | *Haltbarkeit: gekühlt 1 Tag* | *Pro Portion: ca. 130 kcal*

Für 4 Portionen

1 rosa Grapefruit
1 Knoblauchzehe
1 – 2 rote Chilischoten
2 Stängel Minze
4 Frühlingszwiebeln
1 Granatapfel
1 EL Limettensaft
1 TL Agavendicksaft
   (ersatzweise Honig)
2 EL neutrales Öl
je 1 TL eingelegte grüne
   Pfefferkörner und Pfeffersud
   (aus dem Glas)
Salz

1 Die Grapefruit filetieren und die Filets etwas klein zupfen. Den Knoblauch schälen und fein würfeln. Die Chilischoten längs halbieren, entkernen, waschen und ebenfalls fein würfeln. Die Minze waschen und trocken schütteln, die Blätter abzupfen und fein hacken. Die Frühlingszwiebeln putzen, waschen und in Ringe schneiden. Den Granatapfel halbieren und die Kerne herauslösen, dabei die weißen Scheidewände entfernen. 60 g Granatapfelkerne abwiegen, den Rest anderweitig verwenden (z. B. als Müsli- oder Salattopping).

2 Grapefruit in einer Schüssel mit den anderen vorbereiteten Zutaten und den Granatapfelkernen vermischen. Limettensaft, Agavendicksaft, Öl, eingelegte Pfefferkörner und den Pfeffersud dazugeben. Alles gut verrühren, mit Salz würzen und 10 Min. ziehen lassen. Nochmals mit Salz abschmecken und sofort servieren. Wird wie Tomaten-Ananas-Salsa zu Steaks, Gegrilltem, auf Sandwiches und Wraps verwendet.

Romescosalsa

katalonische Kultsauce
Zubereitung: ca. 15 Min. | Rösten: 50 Min. | Haltbarkeit: gekühlt 4 Tage | Pro Glas: ca. 505 kcal

Für 1 Glas (ca. 350 ml)

1 rote Paprikaschote
1 große grüne Chilischote
2 Tomaten
2 Knoblauchzehen
2 EL Olivenöl
2 EL Mandeln
1 EL Rotweinessig
2 EL Semmelbrösel
2 TL Ahornsirup
½ TL rosenscharfes
  Paprikapulver
Salz
Pfeffer (nach Belieben)

1 Backofen auf 200° vorheizen. Paprikaschote längs halbieren, entkernen und waschen. Chilischote und Tomaten waschen, Tomaten halbieren. Knoblauch schälen. Alles in eine Auflaufform legen und mit 1 EL Olivenöl beträufeln. Im Backofen (Mitte, Umluft 180°) 45 Min. rösten. Die Mandeln auf dem Gemüse verteilen und weitere 5 Min. rösten.

2 Das Gemüse aus dem Ofen nehmen, schwarze Hautstellen von Paprika und Tomaten sowie den Stielansatz der Chili entfernen. Alles mit Essig, Semmelbröseln, Ahornsirup, Paprikapulver und dem restlichen Öl im Mixer fein pürieren. Mit Salz und nach Belieben etwas Pfeffer abschmecken. Heiß in ein sauberes Twist-off-Glas füllen, verschließen und abkühlen lassen.

Clever gewusst

Romescosalsa wird oft zu Fisch, Meeresfrüchten, Hähnchen oder Schnecken serviert. Statt Mandeln verwenden die Katalanen auch gern **Haselnüsse** oder **Pinienkerne** für die Sauce.

Mojo Picón

Klassiker von den Kanaren
Zubereitung: ca. 15 Min. | Haltbarkeit: gekühlt 1 Woche | Pro Portion: ca. 290 kcal

Für 4 Portionen

4 Knoblauchzehen
2 große rote Chilischoten
1 Stück gegrillte Paprikaschote
(in Öl eingelegt; Fertig-
produkt)
3 EL Rotweinessig
1 EL Ahornsirup (ersatzweise
Agavendicksaft oder Zucker)
1 TL gemahlener Kreuzkümmel
2 EL edelsüßes Paprikapulver
3 EL Semmelbrösel
100 ml Olivenöl | Salz
Pfeffer (nach Belieben)

1 Den Knoblauch schälen und mit den Chilischoten in kochendem Wasser 1 Min. blanchieren. In ein Sieb abgießen,
kalt abschrecken und abtropfen lassen. Die Stielansätze der
Chilis entfernen und die Schoten nach Belieben entkernen.
Knoblauch und Chilis klein schneiden.

2 Knoblauch mit Chilis, Paprikaschote, Essig, Ahornsirup,
Kreuzkümmel, Paprikapulver und Semmelbröseln im
Blitzhacker fein zerkleinern. Dann nach und nach das Öl
dazugeben und sehr fein pürieren. Die Mojo mit Salz und
nach Belieben mit Pfeffer abschmecken. Eventuell noch
etwas mehr Semmelbrösel unterrühren, um die gewünschte
sämige Konsistenz zu erhalten.

Clever gewusst

Mojo Picón wird auf den Kanaren traditionell zu **Papas Arrugadas**
(siehe Cleveres Dazu Seite 75) serviert. Sie passt auch hervorragend
zu gegrilltem Fleisch oder Thunfisch.

Ajvar

berühmte Paprikapaste vom Balkan
Zubereitung: ca. 45 Min. | Haltbarkeit: gekühlt 4 Wochen | Pro Glas: ca. 520 kcal

Für 1 Glas (ca. 400 ml)

1 – 2 rote Paprikaschoten
  (ca. 350 g)
1 große rote Chilischote
1 kleine Aubergine (ca. 150 g)
1 Knoblauchzehe
3 EL Apfelessig
4 EL Öl
½ EL Zucker | Salz

1 Die Paprikaschoten und die Chilischote längs halbieren, entkernen, waschen und klein würfeln. Die Aubergine putzen, waschen und würfeln. Den Knoblauch schälen und ebenfalls würfeln.

2 Paprika, Chili, Aubergine, Knoblauch, Essig, Öl, Zucker, ½ TL Salz und 50 ml Wasser in einen Topf geben und zum Kochen bringen. Die Mischung zugedeckt bei schwacher bis mittlerer Hitze 35 – 40 Min. köcheln lassen, dabei hin und wieder umrühren.

3 Den Topf vom Herd nehmen und die Gemüsemischung mit dem Stabmixer fein pürieren. Ajvar heiß in ein sauberes Twist-off-Glas füllen, verschließen und abkühlen lassen. Ajvar ist auf dem ganzen Balkan als Würzsauce zu gebratenem und gegrilltem Fleisch beliebt. Er verfeinert auch Eintöpfe und Reisgerichte und schmeckt hervorragend als Brotaufstrich oder Dip.

Clever variieren

Auch etwas schärfer schmeckt Ajvar hervorragend. Dafür einfach eine **zweite Chilischote** mitgaren oder das Ajvar abschließend mit **Cayennepfeffer** abschmecken. Wer Auberginen nicht mag, lässt sie einfach weg und erhöht die **Paprikamenge** dafür auf **500 g**.

Variante: Ajvarbutter

Für 10 Portionen | **150 g weiche Butter** mit **3 EL Ajvar** glatt rühren. **1 Knoblauchzehe** schälen, dazupressen und unterrühren. Die Butter mit **Salz** und nach Belieben mit **Cayennepfeffer** abschmecken. Auch Mayonnaise kann auf diese Art verfeinert werden. Perfekt als Brotaufstrich zum Grillen oder fürs Partybüfett. Ajvarbutter ist gekühlt 4 Wochen haltbar.

KRÄUTERFRISCH – PESTO, SALSA, MOJO

Das Schönste an Frühling und Sommer sind frische, wohlriechende Kräuter. Ob Petersilie, Rosmarin, Basilikum oder Dill – jedes ist auf seine Art einzigartig. Umso besser, wenn die Kräuterpower in aromatische Saucen gebannt wird. Dann veredeln Pesto, Mojo und Co. mit Duft und Würze Fleisch, Fisch und Gemüse und machen sie zu einem echten Hochgenuss.

Pesto alla Genovese

der Klassiker aus Ligurien
Zubereitung: ca. 15 Min. | Haltbarkeit: gekühlt 1 Woche | Pro Portion: ca. 400 kcal

Für 4 Portionen

80 g Basilikum
1 – 2 Knoblauchzehen
40 g Pinienkerne
50 g Parmesan oder Grana
  Padano (ital. Hartkäse)
60 ml Olivenöl
60 ml neutrales Öl
  (z. B. Sonnenblumenöl)
Salz | Pfeffer
1 Prise Zucker
ca. 1 TL Zitronensaft

1 Das Basilikum waschen und trocken schütteln, die Blätter abzupfen. Den Knoblauch schälen und grob würfeln. Die Pinienkerne in einer kleinen Pfanne ohne Fett goldbraun rösten und sofort herausnehmen. Den Käse fein reiben.

2 Basilikum mit Knoblauch, Pinienkernen, beiden Ölsorten und der Hälfte des Käses im Blitzhacker oder Standmixer fein zerkleinern. Den restlichen Käse unterrühren. Das Pesto mit Salz, Pfeffer, etwas Zucker und einigen Tropfen Zitronensaft abschmecken. Das Pesto in ein sauberes Twist-off-Glas füllen, mit Öl bedecken und verschließen. Bis zur Verwendung in den Kühlschrank stellen.

3 Zum Servieren 400 – 500 g Nudeln (z. B. Spaghetti) nach Packungsanweisung garen. In ein Sieb abgießen und 1 Tasse Kochwasser auffangen. Die gegarten Nudeln und das Pesto im Kochtopf mischen, dabei etwas Kochwasser dazugießen. Mit Salz, Pfeffer und Zitronensaft abschmecken.

Cleveres Dazu: Geschmolzene Tomaten

Für 4 Portionen | Den Backofen auf 220° vorheizen. Die Rispen von **500 g Rispen-Cocktailtomaten** in insgesamt vier Abschnitte teilen. Die Tomaten waschen, trocken tupfen und samt Stielen in eine Auflaufform legen. Zunächst mit **4 EL Olivenöl** und **1 EL flüssigem Honig** beträufeln, dann mit **2 EL italienischen Kräutern (tiefgekühlt)** bestreuen und mit **Kräutersalz** würzen. Im Backofen (Mitte, Umluft 200°) 10 Min. garen. Nudeln mit Pesto oder Pestobutter auf Teller verteilen und die Tomaten darauf anrichten.

Variante: Pestobutter

Für 4 Portionen | Die Zutaten wie in Schritt 1 beschrieben vorbereiten, aber nur die Hälfte des Basilikums verwenden. **125 g Butter** in einem Topf schmelzen und wieder etwas abkühlen lassen. Wie in Schritt 2 fortfahren, jedoch anstelle der Öle die flüssige Butter verwenden. Die Pestobutter in ein Glas abfüllen und bis zur Verwendung zugedeckt kühl stellen. Mit Nudeln servieren (siehe Rezept Schritt 3) und nach Belieben geschmolzene Tomaten dazu reichen (siehe Cleveres Dazu).

Bärlauchpesto

frischer Frühlingsbote
Zubereitung: ca. 15 Min. | Haltbarkeit: gekühlt 1 Woche | Pro Portion: ca. 395 kcal

Für 4 Portionen

40 g Macadamianüsse
60 g Bärlauch
20 g Kerbel
50 g Parmesan oder Pecorino
   (ital. Hartkäse)
120 ml Olivenöl
Salz | Pfeffer
ca. 1 TL Zitronensaft
1 Prise Zucker

1 Die Macadamianüsse grob hacken und in einer kleinen Pfanne ohne Fett goldbraun rösten. Anschließend sofort wieder aus der Pfanne nehmen. Den Bärlauch und den Kerbel waschen und trocken schütteln. Vom Bärlauch die Stiele entfernen, vom Kerbel die Blätter abzupfen. Den Parmesan oder Pecorino fein reiben.

2 Die Hälfte der Nüsse mit den Kräutern und dem Olivenöl im Blitzhacker oder in einem Becher mit dem Stabmixer fein pürieren. Die restlichen Nüsse mit dem Käse unter das Kräuterpüree rühren. Das Pesto mit Salz, Pfeffer, Zitronensaft und etwas Zucker abschmecken.

Cleveres Dazu: Gnocchi selbst gemacht

Für 4 Portionen | **500 g mehligkochende Kartoffeln** in einem Topf knapp mit Wasser bedeckt ca. 25 Min. gar kochen. Die gegarten Kartoffeln abgießen und etwas ausdampfen lassen. Die Kartoffeln noch heiß pellen und durch eine Kartoffelpresse auf die Arbeitsfläche drücken. Mit **100 g Mehl** und **50 g Weichweizengrieß** bestreuen und etwas abkühlen lassen. **2 Eier, 1 EL Magerquark** und **1 TL Salz** dazugeben und alles rasch zu einem glatten Teig verkneten. Sollte der Teig sehr klebrig sein, noch etwas Mehl unterkneten. In einem Topf reichlich Salzwasser zum Kochen bringen. Aus dem Teig ca. 2 cm dicke Rollen formen und diese quer in etwa 2 cm lange Stücke schneiden. Die Gnocchi mit einer Gabel etwas flach drücken und ins nur leicht siedende Wasser geben. Sobald sie an die Oberfläche steigen, noch ca. 1 Min. ziehen lassen, dann mit einem Schaumlöffel herausheben und mit Pesto servieren. Dazu passen gebratener grüner Spargel und frisch geriebener Parmesan bzw. Pecorino.

Cleveres Dazu: Spaghetti mit Pesto

Für 4 Portionen |
400 – 500 g Spaghetti nach Packungsanweisung garen. In ein Sieb abgießen und 1 Tasse Kochwasser auffangen. Die gegarten Nudeln und das Pesto im Kochtopf mischen, dabei etwas Kochwasser dazugießen. Mit **Salz, Pfeffer** und **Zitronensaft** abschmecken.

Rucola-Zitronen-Pesto

Frankfurter-Kräuter-Pesto

herb und frisch

volle Kräuterpower voraus!

Für 4 Portionen **je 20 g Pinien-** und **Walnusskerne** in einer Pfanne ohne Fett rösten. **2 Knoblauchzehen** schälen und hacken. **1 Bund Basilikum** und **5 Stängel Minze** waschen und trocken schütteln, Blätter abzupfen. **1 Bio-Zitrone** waschen und trocken reiben, Schale abreiben und Saft auspressen. Pinien- und Walnusskerne, Kräuter, Knoblauch, Zitronenschale, **50 g zerbröckelten Parmesan, ½ TL Zucker, 3 EL Zitronensaft** sowie **je 60 ml Walnuss-** und **Olivenöl** im Blitzhacker pürieren. Mit **Salz** würzen und in eine Schüssel füllen. **100 g Rucola** verlesen, waschen und trocken schleudern, grobe Stiele entfernen. Im Blitzhacker grob hacken und unter das Püree rühren. Mit Salz, Zucker und Zitronensaft abschmecken. Gekühlt 1 Woche haltbar.

Für 4 Portionen **1 Ei** ca. 7 Min. hart kochen, dann in kaltem Wasser abkühlen lassen. **1 EL Kürbiskerne** in einer Pfanne ohne Fett rösten, bis sie knacken und sich aufblähen. Kürbiskerne mit **50 g 8-Kräutermischung (tiefgekühlt), 2 TL mittelscharfem Senf, 50 ml Rapsöl, 1 TL Honig** und **2 EL gehackter Petersilie** im Blitzhacker fein pürieren. **100 g saure Sahne, 2 EL Schnittlauchröllchen** und **1 EL Weißweinessig** unterrühren. Von **½ Kästchen Gartenkresse** die Blätter abschneiden und unterrühren. Das Ei pellen, fein würfeln und mit **40 g Emmentaler** unter die Kräutermischung rühren. Pesto mit **Salz** und **Pfeffer** abschmecken. Das Pesto passt zu Penne oder Pellkartoffeln und schmeckt als Brotaufstrich. Gekühlt 4 Tage haltbar.

Sesampesto

Grünzeug auf Orienttrip

Für 4 Portionen **50 g Sesamsamen** und
1 TL Koriandersamen in einer Pfanne ohne
Fett rösten. **1 Knoblauchzehe** schälen und
grob hacken. **Je 1 Bund Petersilie** und **Koriander** waschen und trocken schütteln, die
Blätter abzupfen. Sesam, Knoblauch, Kräuter,
**1 EL Zitronensaft, 1 TL Honig, je 1 Msp. ge-
mahlenen Kreuzkümmel** und **rosenscharfes
Paprikapulver** sowie **100 ml neutrales Öl
(z. B. Sonnenblumenöl)** im Blitzhacker fein
pürieren. Das Pesto mit **Salz, Pfeffer, Zitronensaft** und **Honig** abschmecken. **50 g fein
geriebenen Hartkäse** (aus Ziegen- oder
Schafsmilch) unterrühren. Pesto zum Servieren mit 2 – 3 EL Nudelkochwasser verrühren,
es schmeckt zu Spaghetti oder Bandnudeln.
Gekühlt 1 Woche haltbar.

Tomaten-Ziegenkäse-Pesto

schmeckt wie Sommer in Italien

Für 4 Portionen **100 g in Öl eingelegte getrocknete Tomaten** abtropfen lassen und
würfeln. **2 EL Pinienkerne** in einer Pfanne
ohne Fett rösten. **2 Knoblauchzehen** schälen
und hacken. **1 Bund Basilikum** waschen und
trocken schütteln, Blätter abzupfen. Tomaten, Pinienkerne, Knoblauch, Basilikum,
1 TL Honig und **1 TL Zitronensaft** im Blitzhacker pürieren. **150 g Ziegenfrischkäse** und
50 ml Pink-Grapefruit-Saft dazugeben und
pürieren. Mit **Salz** und **Pfeffer** abschmecken.
Für etwas Schärfe nach Belieben **1 Msp. Cayennepfeffer** unterrühren. Pesto zum Servieren mit 3 – 4 EL Nudelkochwasser verrühren,
es schmeckt zu Spaghetti oder Bandnudeln.
Gekühlt 4 Tage haltbar.

Salmoriglio

sizilianischer Geheimtipp
Zubereitung: 15 Min. | Haltbarkeit: gekühlt 3 Tage | Pro Portion: ca. 240 kcal

Für 4 Portionen

50 ml Zitronensaft
1 Prise Zucker
1 Knoblauchzehe
100 ml Olivenöl
2 EL gehackter Oregano
2 EL gehackte Petersilie
Salz | Pfeffer
1 EL gehackte Kapern
(nach Belieben)

1 Den Zitronensaft mit 50 ml lauwarmem Wasser und dem Zucker in einer Schüssel verrühren. Den Knoblauch schälen, dazupressen und unterrühren.

2 Das Olivenöl nach und nach dazulaufen lassen, dabei kräftig mit dem Schneebesen unterschlagen. Den Oregano und die Petersilie unter die Sauce rühren.

3 Die Sauce mit Salz sowie Pfeffer abschmecken und mindestens 10 Min. ziehen lassen. Zum Schluss nach Belieben gehackte Kapern unterrühren.

Cleveres Dazu: Gefüllte Hähnchenbrust

Für 4 Portionen | **2 Stängel Basilikum** waschen und trocken schütteln, die Blätter von den Stielen zupfen. **80 g Hartkäse** (z. B. Pecorino) in Scheiben schneiden. **4 Hähnchenbrustfilets (à ca. 150 g)** unter fließend kaltem Wasser waschen und mit Küchenpapier trocken tupfen. Fleisch von Fett und Sehnen befreien und jeweils eine Tasche hineinschneiden. Den Backofen auf 150° vorheizen und eine Auflaufform auf den Rost stellen (Mitte). **8 getrocknete Tomaten (in Öl eingelegt)**, das Basilikum und die Käsescheiben in die Fleischtaschen verteilen. Die Hähnchenbrüste mit **Salz** und **Pfeffer** würzen und jeweils mit **2 Scheiben Schinkenspeck** umwickeln. **1 – 2 EL Olivenöl** in einer Pfanne erhitzen und die Hähnchenbrüste darin bei mittlerer Hitze rundherum 5 – 7 Min. anbraten. Dann in die Auflaufform legen und im Ofen (Umluft 130°) 10 – 15 Min. fertig garen, dabei nach der Hälfte der Garzeit die Hähnchenstücke mit je 1 – 2 EL der Salmoriglio beträufeln. Herausnehmen und mit der restlichen Sauce servieren.

Clever serviert

Salmoriglio schmeckt auch hervorragend zu Fisch sowie zu gegrilltem Fleisch und Gemüse. Dafür kann es auch als **Marinade** verwendet werden. Nicht original, aber auch sehr fein schmeckt die Sauce, wenn statt Olivenöl **flüssige Butter** verwendet wird.

Chermoula mit Ofenlachs

Würziges aus Marokko
Zubereitung: ca. 40 Min. | Haltbarkeit: gekühlt 3 Tage | Pro Portion: ca. 600 kcal

Für 4 Portionen

je 1 Bund Petersilie und
   Koriander
1 rote Chilischote
1 Knoblauchzehe
¼ Salzzitrone ohne Fruchtfleisch (siehe Tipps unten;
   ersatzweise abgeriebene
   Schale von 1 Bio-Zitrone)
1 TL edelsüßes Paprikapulver
½ TL gemahlener Kreuzkümmel
½ TL gemahlener Koriander
1 – 2 EL Zitronensaft
1 – 2 TL Zucker
100 ml Olivenöl | Salz
4 Lachsfilets (à 150 g)
1 TL Öl
1 TL Butterschmalz

1 Die Petersilie und den Koriander waschen und trocken schütteln, die Blätter abzupfen. Die Chilischote längs halbieren, entkernen und waschen. Den Knoblauch schälen. Chilischote, Knoblauch und die Salzzitrone grob hacken.

2 Die vorbereiteten Zutaten mit Paprikapulver, Kreuzkümmel, Koriander, 1 EL Zitronensaft und 1 TL Zucker im Blitzhacker grob zerkleinern. Nach und nach das Olivenöl dazulaufen lassen und alles zu einer groben Masse verarbeiten. Mit Salz, Zitronensaft und Zucker abschmecken.

3 Backofen auf 220° vorheizen. Lachs waschen und trocken tupfen. Öl mit Butterschmalz in einer ofenfesten Pfanne erhitzen, Fisch darin beidseitig kurz anbraten. Vom Herd nehmen, jede Seite mit je 1 EL Chermoula bestreichen und den Fisch im Backofen (Mitte, Umluft 200°) 6 – 8 Min. fertig garen. Restliches Chermoula dazu reichen.

Clever selbst gemacht: Salzzitrone

Für 1 eingelegte Salzzitrone | **1 Bio-Zitrone** heiß waschen und abtrocknen. Stielansatz und Spitze abschneiden, Zitrone vom Stielansatz aus kreuzweise tief einschneiden. Hochkant in ein sauberes Twist-off-Glas (300 ml) stellen. **2 EL Meersalz** in den Einschnitt füllen und die Zitrone wieder etwas zusammendrücken. **Saft von 1 Zitrone** in das Glas gießen und mit kochendem Wasser auffüllen. Das Glas verschließen und die Zitrone dunkel 4 Wochen ziehen lassen. Das Fruchtfleisch entfernen und nur die Schale verwenden. Übrige Zitrone verschlossen in der Flüssigkeit im Kühlschrank aufbewahren. Sie ist bis zu 6 Monate haltbar.

Clever gewusst

Marokkanische Salzzitronen sind in Feinkostgeschäften oder nordafrikanischen Lebensmittelläden erhältlich. Sie verleihen z. B. Tajine – nordafrikanischen Eintöpfen – ein besonderes, salzigsaures Aroma.

Salsa Verde

grünes Wunder | *Zubereitung: ca. 20 Min.* | *Haltbarkeit: gekühlt 3 Tage* | *Pro Portion: ca. 245 kcal*

Für 4 Portionen

1 Bund Petersilie
5 Stängel Basilikum
3 Stängel Minze
1 Frühlingszwiebel
je 1 EL Kapern und Kapernsud
  (aus dem Glas)
2 Sardellenfilets (in Öl)
100 ml Olivenöl
1 Knoblauchzehe
1 EL Zitronensaft
1 TL Dijon-Senf
1 Prise Zucker | Salz | Pfeffer

Clever variieren

Ersetzen Sie das Öl durch **saure Sahne** und rühren Sie **1 hart gekochtes, gewürfeltes Ei** unter. Mit **Salz** und **Pfeffer** abschmecken.

1 Petersilie, Basilikum und Minze waschen und trocken schütteln, die Blätter abzupfen und sehr fein hacken. Frühlingszwiebel putzen, waschen und in feine Ringe schneiden. Kapern sehr fein hacken.

2 Die Sardellenfilets in 2 EL Olivenöl mit einer Gabel fein zerdrücken. Den Knoblauch schälen und dazupressen. Zitronensaft, Kapernsud, Senf und Zucker unterrühren. Nach und nach das restliche Olivenöl dazulaufen lassen, dabei mit dem Schneebesen unterschlagen.

3 Kräuter, Frühlingszwiebelringe und Kapern unterrühren. Die Sauce mit Salz und Pfeffer abschmecken. In Italien wird Salsa Verde zu Bollito Misto, einem Fleischtopf, serviert. Sie passt zu Fisch – egal ob gebraten, gegrillt oder gedünstet. Auch zu Ofengemüse, gegrilltem Fleisch oder Pellkartoffeln schmeckt sie sehr gut.

Chimichurri

für Grill-Fans | *Zubereitung: ca. 10 Min.* | *Ziehen: mind. 1 Std.* | *Haltbarkeit: gekühlt 3 Tage* | *Pro Portion: ca. 235 kcal*

Für 4 Portionen

1 Bund Petersilie
4 Zweige Oregano
2 – 3 Knoblauchzehen
½ Lorbeerblatt
1 TL getrockneter Thymian
100 ml Olivenöl
50 ml Rotweinessig
1 TL gemahlener Kreuzkümmel
1 ½ TL geräucherte Chiliflocken
  (Chipotle; aus dem
  Gewürzladen)
Salz | Pfeffer
1 – 2 TL Zitronensaft | Zucker

1 Petersilie und Oregano waschen und trocken schütteln, die Blätter abzupfen und grob hacken. Knoblauch schälen und fein würfeln. Das Lorbeerblatt etwas zerbröseln.

2 Petersilie, Oregano, Knoblauch, Lorbeerblatt, Thymian und 2 EL Olivenöl im Blitzhacker fein zerkleinern. Restliches Öl, Essig, Kreuzkümmel und Chiliflocken unterrühren. Mit Salz, Pfeffer, Zitronensaft und 1 Prise Zucker abschmecken.

3 Zugedeckt mindestens 1 Std., besser 12 Std., ziehen lassen. Chimichurri schmeckt zu gegrilltem Fleisch – besonders Rindfleisch –, Fisch oder Gemüse und kann auch als Marinade verwendet werden.

Clever gewusst

Geräucherte Chiliflocken sind keine klassische Chimichurri-Zutat, machen die Sauce aber noch pikanter. Sie sind auch unter dem Namen »Chipotle« – als Flocken oder gemahlen – im Handel. Ersatzweise kann **1 gehackte rote Chilischote** oder **Pul Biber** (aus dem türkischen Lebensmittelladen) verwendet werden.

Avocado-Mojo

wie Urlaub auf den Kanaren
Zubereitung: ca. 20 Min. | Haltbarkeit: gekühlt 1 Tag | Pro Portion: ca. 235 kcal

Für 4 Portionen

1 Bund Koriander
2 Stängel Minze
2 Knoblauchzehen
1 Avocado
  (ca. 200 g Fruchtfleisch)
50 ml Olivenöl
1 EL Zitronensaft
1 TL Agavendicksaft
  (oder Zucker)
2 EL Weißweinessig
1 Msp. gemahlener
  Kreuzkümmel
Salz | Pfeffer

1 Den Koriander und die Minze waschen und trocken schütteln, die Blätter abzupfen. Den Knoblauch schälen und grob hacken. Die Avocado halbieren und den Stein entfernen. Das Avocadofruchtfleisch mit einem Löffel aus der Schale lösen und grob würfeln.

2 Koriander, Minze, Olivenöl, Zitronensaft, Agavendicksaft, Essig, Kreuzkümmel und 1 Prise Salz in einen hohen Becher geben und mit dem Stabmixer fein pürieren. Die Avocadostücke dazugeben und nochmals kräftig pürieren.

3 Die Sauce mit Salz und Pfeffer abschmecken. Die Mojo schmeckt zu gebratenem oder gegrilltem Fleisch und Fisch, zu Ofengemüse, Couscous und – original kanarisch – zu den berühmten Runzelkartoffeln Papas Arrugadas (siehe Cleveres Dazu). Gekühlt 1 Tag haltbar.

Cleveres Dazu: Papas Arrugadas

Für 4 Portionen | **1 kg kleine neue Kartoffeln** unter fließendem Wasser gut abbürsten. Kartoffeln in einem Topf knapp mit Wasser bedecken, **100 g Meersalz** und **1 Zweig Rosmarin** dazugeben. Aufkochen lassen und offen bei schwacher Hitze ca. 20 Min. garen. Das Wasser abgießen, den Topf mit einem Küchentuch zudecken und den Deckel auflegen. Die Kartoffeln auf der ausgeschalteten Herdplatte 20 – 30 Min. ziehen lassen, bis sie runzelig sind und sich eine weiße Salzkruste gebildet hat. Mit Avocado-Mojo oder Mojo Verde (siehe rechts) servieren.

Variante: Mojo Verde

Für 4 Portionen | **1 Bund Koriander** und **2 Bund Petersilie** waschen und trocken schütteln, die Blätter abzupfen. **3 Knoblauchzehen** schälen und grob hacken. **2 rote oder grüne Chilischoten** längs halbieren, entkernen, waschen und klein schneiden. Kräuter, Knoblauch und Chilischote mit **100 ml Olivenöl, 3 EL Weißweinessig, 1 TL Agavendicksaft (oder Zucker), 1 Msp. gemahlenem Kreuzkümmel** und **1 Prise Salz** in einen hohen Becher geben und mit dem Stabmixer fein pürieren. Die Sauce mit Salz, **Pfeffer** und noch ca. 1 TL Agavendicksaft abschmecken. Wird wie Avocado-Mojo verwendet und ist gekühlt 1 Tag haltbar.

Haydarisauce

türkischer Klassiker
Zubereitung: ca. 10 Min. | Ziehen: ca. 10 Min. | Haltbarkeit: gekühlt 3 Tage | Pro Portion: ca. 190 kcal

Für 4 Portionen

1 Stängel Petersilie
2 Stängel Dill
1 Knoblauchzehe
100 g cremiger Feta (griech.
   Schafskäse mit 55 % Fett;
   ersatzweise Frischkäse oder
   Ziegenfrischkäse)
3 EL Olivenöl
1 EL Zitronensaft
200 g griechischer oder
   türkischer Joghurt (10 % Fett)
Salz | Pfeffer
Zucker oder Honig

1 Die Petersilie und den Dill waschen und trocken schütteln, die Blätter bzw. Spitzen abzupfen und fein hacken. Den Knoblauch schälen und grob hacken.

2 Den Feta grob zerkleinern und mit Olivenöl, Zitronensaft, Knoblauch und 50 ml Wasser in einem hohen Becher mit dem Stabmixer fein pürieren. Den Joghurt und die Kräuter unterrühren. Die Sauce 10 Min. ziehen lassen.

3 Die Sauce mit Salz, Pfeffer sowie etwas Zucker oder Honig abschmecken und nach Belieben noch mit 1–2 EL Wasser verdünnen. Passt zu Gegrilltem, Pellkartoffeln und natürlich perfekt zum Veggie-Döner (siehe Cleveres Dazu).

Clever variieren

Für einen etwas festeren Dip zunächst das Wasser weglassen und gegen Ende bis zur gewünschten Konsistenz verdünnen. Petersilie nach Belieben durch **Minze** ersetzen. Nicht original türkisch, aber ebenfalls sehr lecker: Die Sauce mit **½ TL gemahlenem Sumach** (aus dem türkischen Lebensmittelladen) würzen.

Cleveres Dazu: Veggie-Döner

Für 4 Portionen | **250 g Rotkohl** raspeln. Mit **1 EL Zucker, 2 EL Olivenöl, 3 EL Essig** und **1 TL Salz** verkneten. **1 Tomate** waschen, **1 Zwiebel** und **100 g Gurke** schälen. Tomate und Gurke grob, Zwiebel fein würfeln, mischen und mit **Essig** und **Salz** würzen. **50 g Blattsalate** waschen, trocken schleudern und in Streifen schneiden. **Je ½ TL getrockneten Thymian** und **Oregano, gemahlenen Kreuzkümmel, Koriander, edel süßes Paprikapulver** und **Zucker** verrühren. **200 g Seitan (Bio-Laden)** raspeln. Backofen auf 150° vorheizen. **1 großes Fladenbrot** vierteln, quer aufschneiden und im Backofen (Mitte, Umluft 130°) 5–7 Min. aufbacken. Seitan in **3 EL Olivenöl** knusprig braten. **2 Knoblauchzehen** schälen, dazupressen und kurz mitbraten. Gewürzmischung hinzufügen, kurz mitbraten, dann mit **Kräutersalz** abschmecken. Brote aufklappen, Unterseiten mit Sauce bestreichen. Salat, Rotkohl, Seitan und Tomatenmischung und nochmals Sauce darauf verteilen.

HERZHAFT EINGEMACHT – CHUTNEYS, MOSTARDA, CONFIT

Wer immer noch glaubt, aus Früchten kann nur Süßes werden, ist schief gewickelt. Die Italiener zeigen mit senfwürzigen Mostarda-Variationen, dass es etwa Feigen, Himbeeren oder Birnen auch gern scharf mögen. Und auch die Inder wissen mit ihren Chutneys und Relishes schon lange, dass Früchte pikant gewürzt gut schmecken und Gemüse dagegen etwas Süße vertragen kann.

Feigen-Senf-Sauce

Klassiker aus dem Tessin
Zubereitung: ca. 20 Min. | Haltbarkeit: gekühlt 6 Wochen | Pro Glas: ca. 535 kcal

Für 1 Glas (ca. 250 ml)

100 g getrocknete Feigen
½ EL Zitronensaft
50 ml Weißweinessig
50 g Zucker
1 ½ EL gelbes Senfmehl
Salz

1 Die Feigen entstielen und klein schneiden. Mit dem Zitronensaft, dem Essig, dem Zucker und 80 ml Wasser in einen Topf geben und aufkochen lassen. Zugedeckt bei schwacher Hitze 10 Min. köcheln lassen.

2 Den Topf vom Herd nehmen und die Feigen im Sud etwas abkühlen lassen. Das Senfmehl dazugeben und alles mit dem Stabmixer fein pürieren. Die Sauce nach Belieben noch mit etwas Wasser verdünnen und mit Salz abschmecken.

3 Die Feigen-Senf-Sauce in ein sauberes Twist-off-Glas füllen, verschließen und abkühlen lassen. Die Sauce passt sehr gut zu würzigem Käse, aber auch zu Weißwurst, Leberkäse, Schweinebraten oder Aufschnitt.

Variante: Orangen-Senf-Marmelade

Für 1 Glas (200 ml) | 1 **Bio-Orange** waschen und trocken reiben, die Schale mit einem Zestenreißer in feinen Streifen abziehen. **2 Orangen** halbieren und auspressen. 100 ml Orangensaft mit der Orangenschale in einen Topf geben. Den Saft von ½ **Zitrone** dazugeben. **1 Orange** filetieren und die Fruchtfilets je nach Größe halbieren oder dritteln. Den beim Filetieren austretenden Saft zur Orangen-Zitronensaft-Mischung geben. **60 g Gelierzucker (2:1), 2 TL Weißweinessig** und **1 Prise Salz** hinzufügen. Die Mischung aufkochen und ca. 1 Min. sprudelnd kochen lassen, dann die Gelierprobe machen. Dafür 1 TL Fruchtmasse auf einen kalten Teller geben. Geliert die Masse nicht innerhalb von 1 – 2 Minuten, noch etwas länger kochen lassen. Zum Schluss **1 EL Senfmehl** unterrühren und die Marmelade mit Salz sowie **Pfeffer** abschmecken. In ein sauberes Twist-off-Glas füllen, verschließen und abkühlen lassen.

Himbeermostarda

fruchtig mit Senfkick | *Zubereitung: ca. 25 Min.* | *Haltbarkeit: gekühlt 6 Wochen* | *Pro Glas: ca. 535 kcal*

Für 1 Glas (ca. 200 ml)

50 ml trockener Weißwein
3 – 4 EL Weißweinessig
100 g Zucker
150 g Himbeeren
2 EL körniger Senf

1 Den Wein mit 3 EL Essig und dem Zucker in einem Topf erhitzen und alles bei mittlerer Hitze ca. 5 Min. sirupartig einkochen lassen.

2 Inzwischen die Himbeeren verlesen, zum Sirup in den Topf geben und alles 2 Min. weiterköcheln lassen. Die Himbeermasse durch ein feines Sieb streichen, zurück in den Topf geben und nochmals ca. 5 Min. köcheln lassen, bis ein dicklicher Sirup entstanden ist.

3 Den Senf unter den Himbeersirup rühren. Himbeermostarda mit Essig abschmecken, in ein sauberes Twist-off-Glas füllen, verschließen und abkühlen lassen. Die Mostarda passt sehr gut zu würzigem Käse, z. B. kräftigem Ziegenkäse, aber auch zu geschmortem Wild- oder Rindfleisch. Auch Salatsaucen lassen sich mit 1 EL Mostarda verfeinern.

Birnen-Cranberry-Mostarda

perfekt zu Käse | *Zubereitung: ca. 20 Min.* | *Haltbarkeit: gekühlt 2 Wochen* | *Pro Glas: ca. 810 kcal*

Für 1 Glas (ca. 200 ml)

50 ml trockener Weißwein
60 ml Weißweinessig
100 g Zucker
1 reife Birne (ca. 200 g)
50 g getrocknete Cranberrys
2 EL gelbes Senfmehl
½ EL Zitronensaft | Salz

1 Den Wein mit dem Essig und dem Zucker in einem Topf erhitzen und alles bei mittlerer Hitze ca. 5 Min. sirupartig einkochen lassen.

2 Inzwischen die Birne schälen, vierteln und das Kerngehäuse herausschneiden. Die Birnenviertel klein würfeln, zum Sirup geben und weitere 5 Min. bei schwacher Hitze nur leicht köcheln lassen.

3 Die Cranberrys grob hacken. Den Birnensirup mit dem Stabmixer fein pürieren, Cranberrys dazugeben und weitere 2 Min. köcheln lassen. Senfmehl und Zitronensaft unterrühren. Mostarda mit Salz abschmecken, in ein sauberes Twist-off-Glas füllen, verschließen und abkühlen lassen. Birnen-Cranberry-Mostarda kann wie Himbeermostarda (siehe Seite 82) verwendet werden.

Weihnachtskonfitüre

süßlich-würziges Aromenkonzentrat
Zubereitung: ca. 20 Min. | Haltbarkeit: gekühlt 6 Wochen | Pro Glas: ca. 695 kcal

Für 1 Glas (ca. 350 ml)

1 kleine Birne
  (ca. 100 g Fruchtfleisch)
15 schwarze Pfefferkörner
100 g gemischte Beeren
  (tiefgekühlt)
125 g Gelierzucker (2:1)
100 ml trockener Rotwein
2 EL Aceto balsamico
1 TL Lebkuchengewürz
Salz

1 Die Birne schälen, vierteln und das Kerngehäuse heraus-schneiden. Die Birnenviertel klein würfeln. Die Pfefferkörner im Mörser grob zerstoßen.

2 Die Birnenstücke mit gemischten Beeren, Pfeffer, Gelierzucker, Rotwein, Aceto balsamico, Lebkuchengewürz und 1 Prise Salz in einen Topf geben, zum Kochen bringen und 2 – 3 Min. offen sprudelnd kochen lassen.

3 Die Gelierprobe machen. Dafür 1 TL Fruchtmasse auf einen kalten Teller geben. Geliert die Masse nicht innerhalb von 1 – 2 Min., noch etwas kochen lassen.

4 Die Weihnachtskonfitüre heiß in ein sauberes Twist-off-Glas füllen, verschließen und abkühlen lassen. Die Konfitüre passt pur zu winterlichen Bratenrezepten oder verfeinert Bratensaucen. Die süßlich-würzige Sauce passt zu einem festlichen Rehbraten (siehe Cleveres Dazu).

Cleveres Dazu: Rehbraten

Für 4 Portionen | Backofen auf 220° vorheizen. **1 ½ kg Rehrücken** enthäuten und beidseitig entlang des Mittelknochens 1 cm tief einschneiden. **2 Pimentkörner** und **3 Wacholderbeeren** im Mörser zerstoßen und mit **2 TL gemahlenem Rosmarin** mischen. Fleisch mit **Salz, Pfeffer** und der Gewürzmischung einreiben. **80 g Butterschmalz** in einem Bräter erhitzen, Rehrücken darin rundum anbraten. Braten mit **8 Scheiben Bauchspeck** belegen und im Backofen (Mitte, Umluft 200°) 20 Min. braten. Die Backofentemperatur auf 150° (Umluft 130°) reduzieren, **300 ml Rotwein** angießen und weitere 15 Min. braten. Speck vom Braten nehmen und danebenlegen. **300 ml Rotwein** und **80 ml Aceto balsamico** angießen. 30 Min. braten, dabei mehrmals etwas Bratensaft über den Braten schöpfen. Temperatur auf 100° (Umluft 80°) reduzieren, den Braten in 30 Min. fertiggaren. Aus dem Bräter nehmen und auf dem Rost im ausgeschalteten Backofen ziehen lassen. Bratenfond durch ein Sieb in einen Topf gießen und dicklich einkochen lassen. **2 TL körnigen Senf** und **2 – 3 EL Weihnachtskonfitüre** unterrühren. Mit Salz, etwas Pfeffer und **Zucker** abschmecken. Die Sauce zum Rehrücken servieren.

Zwiebelconfit

herzhafte Konfitüre aus Frankreich
Zubereitung: ca. 25 Min. | Haltbarkeit: gekühlt 6 Wochen | Pro Glas: ca. 825 kcal

Für 1 Glas (ca. 300 ml)

200 g rote Zwiebeln
1 Zacken Sternanis
10 schwarze Pfefferkörner
1 Gewürznelke
2 EL Olivenöl
100 ml trockener Rotwein
50 ml Aceto balsamico
120 g Gelierzucker (2:1)
1 – 2 TL Zitronensaft | Salz

Clever variieren

Ersatzweise können Sie für das Confit auch **weiße Zwiebeln** verwenden – durch Wein und Aceto balsamico erhält es trotzdem eine schöne dunkle Farbe. Auf die gleiche Weise lässt sich auch ein **Schalottenconfit** zubereiten.

1 Die Zwiebeln schälen und in feine Streifen schneiden. Anis, Pfeffer und Nelke im Mörser grob zerstoßen.

2 Das Olivenöl in einem Topf erhitzen und die Zwiebeln darin bei mittlerer Hitze anschwitzen. Die vorbereitete Gewürzmischung mit dem Rotwein, dem Aceto balsamico und 70 ml Wasser zu den Zwiebeln geben und aufkochen lassen. Alles bei schwacher bis mittlerer Hitze zunächst zugedeckt ca. 10 Min. köcheln lassen, dann offen noch 2 – 3 Min. weiterköcheln lassen.

3 Den Gelierzucker, 1 TL Zitronensaft und 1 Prise Salz hinzufügen und die Masse 2 – 3 Min. sprudelnd kochen lassen. Die Gelierprobe machen. Dafür 1 TL Confitmasse auf einen kalten Teller geben. Geliert die Masse nicht innerhalb von 1 – 2 Min., noch etwas kochen lassen.

4 Das Confit mit Salz abschmecken, heiß in ein sauberes Twist-off-Glas füllen, verschließen und abkühlen lassen. Es wird in Frankreich klassisch zu Gänseleber serviert, passt aber auch perfekt zu jeglichem dunklen Fleisch, Aufschnitt und Käse und ist ein prima Belag für herzhafte Blätterteigküchlein (siehe Cleveres Dazu).

Cleveres Dazu: Blätterteigküchlein mit Ziegenkäse

Für 4 Portionen | Den Backofen auf 180° vorheizen. **2 Blätterteigplatten** (ca. 20 × 10 cm; aufgetaute Tiefkühlware) halbieren. Die entstandenen Quadrate viertln, sodass je 4 kleine Quadrate entstehen. Diese auf der leicht bemehlten Arbeitsfläche jeweils etwas größer ausrollen und auf ein mit Backpapier ausgelegtes Backblech legen. Die Teigränder mit **1 verquirlten Eigelb** bestreichen. Je **2 TL Zwiebelconfit** mittig auf jedem Quadrat verstreichen. **150 g Ziegenkäserolle** in 16 Scheiben schneiden und auf die Teigstücke legen. Küchlein im Backofen (Mitte, Umluft 160°) ca. 15 Min. backen. Mit **Pfeffer** und **2 TL Thymian** bestreuen.

Knoblauch-Zitronen-Confit

Aromaknaller | *Zubereitung: ca. 20 Min.* | *Haltbarkeit: gekühlt 4 Wochen* | *Pro Glas: ca. 470 kcal*

Für 1 Glas (ca. 300 ml)

2 Bio-Zitronen
6 Knoblauchzehen
1 TL rosa Pfefferbeeren
10 schwarze Pfefferkörner
100 g Gelierzucker (2:1)
1 EL Aceto balsamico bianco
½ TL Ingwerpulver | Salz

1 1 Zitrone heiß waschen und trocken reiben, die Schale abreiben. Beide Zitronen schälen, sodass auch die weiße Haut mitentfernt wird. Das Fruchtfleisch würfeln, dabei die Kerne entfernen. Knoblauch schälen und in dünne Scheiben schneiden. Beide Pfeffersorten im Mörser grob zerstoßen.

2 Knoblauch, Zitronenfruchtfleisch samt ausgetretenem Saft, Pfeffer, Gelierzucker, Essig, Ingwer, 1 Prise Salz und 100 ml Wasser in einem Topf zum Kochen bringen und ca. 2 Min. sprudelnd kochen lassen. Die Gelierprobe machen. Dafür 1 TL Masse auf einen kalten Teller geben. Geliert die Masse nicht innerhalb von 1 – 2 Min., noch etwas kochen lassen.

3 Abgeriebene Zitronenschale unterrühren und das Confit mit Salz abschmecken. Heiß in ein sauberes Twist-off-Glas füllen, verschließen und abkühlen lassen. Das Confit passt zu dunklem Fleisch, gegrilltem Geflügel und Käse sowie zu asiatischen und orientalischen Reisgerichten.

Limettenchutney

---

würziger Geheimtipp | *Zubereitung: ca. 25 Min.* | *Ziehen: 1 Woche* | *Haltbarkeit: gekühlt 6 Wochen* | *Pro Glas: ca. 575 kcal*

Für 1 Glas (ca. 250 ml)

4 Bio-Limetten | Salz
1 Zwiebel
1 Knoblauchzehe
15 g Ingwer
2 kleine grüne Chilischoten
3 Kardamomkapseln
2 EL Rosinen
80 g Zucker
2 EL Weißweinessig
1 TL gelbe Senfsamen
1 Prise gemahlene Kurkuma

1 3 Limetten heiß waschen, trocken reiben und klein schneiden, dabei die Kerne entfernen. Das Fruchtfleisch in einem Twist-off-Glas etwas zerdrücken. Übrige Limette auspressen, den Saft mit 1 TL Salz über die klein geschnittenen Limetten im Glas geben. Gut durchrühren, verschließen und im Kühlschrank 3 Tage ziehen lassen.

2 Zwiebel, Knoblauch und Ingwer schälen und fein würfeln. Chilis waschen und mit den Samen in Ringe schneiden. Kardamomkapseln aufbrechen und die Samen herauslösen. Vorbereitete Zutaten und Limetten samt Saft mit Rosinen, Zucker, Essig, Senfsamen und Kurkuma in einem Topf offen bei mittlerer Hitze 5 – 7 Min. einkochen lassen.

3 Das Chutney heiß in ein sauberes Twist-off-Glas füllen, verschließen und bis zur Verwendung mindestens 1 Woche durchziehen lassen. Es schmeckt besonders zu indischen Lammgerichten, Rindfleisch und Gegrilltem.

Mangochutney

Klassiker aus Indien
Zubereitung: ca. 20 Min. | Haltbarkeit: gekühlt 4 Wochen | Pro Glas: ca. 480 kcal

Für 1 Glas (ca. 350 ml)

1 Zwiebel
2 Knoblauchzehen
15 g Ingwer
1 – 2 rote Chilischoten
1 große Mango (ca. 600 g)
2 Gewürznelken
1 TL schwarze Senfsamen
 (aus dem Asia-Laden)
1 Bio-Limette
3 EL Zucker
2 EL Weißweinessig
Salz
Pfeffer (nach Belieben)

1 Zwiebel, Knoblauch und Ingwer schälen und fein würfeln. Die Chilischoten längs halbieren, entkernen, waschen und ebenfalls fein würfeln. Die Mango schälen, das Fruchtfleisch vom Stein schneiden, 300 g davon abwiegen und würfeln.

2 Die vorbereiteten Zutaten mit Nelken und Senfsamen in einen Topf geben. Die Limette heiß waschen und trocken reiben, die Schale abreiben und den Saft auspressen. Den Zucker, den Essig und 1 EL Limettensaft zur Mango geben. Mit etwas Salz würzen, zum Kochen bringen und offen bei mittlerer Hitze ca. 5 Min. köcheln lassen, dabei hin und wieder umrühren.

3 Die Limettenschale unterrühren. Das Chutney mit Salz und nach Belieben mit Pfeffer abschmecken. Heiß in ein sauberes Twist-off-Glas füllen, verschließen und abkühlen lassen. Mangochutney wird in Indien klassischerweise zu Reisgerichten oder Papadams – dünnen frittierten Fladen aus Linsenmehl – gereicht. Es passt aber auch wunderbar zu Fleisch – egal ob geschmort, gegrillt oder gebraten –, zu Fondue oder Garnelen.

Clever würzen

Auch gut: Das Chutney zusätzlich mit **½ TL gemahlener Kurkuma, Currypulver, Garam Masala** oder **Asa Foetida** (aus dem Asia-Laden) würzen. Für noch mehr Frische **½ – 1 TL Zitronengraspaste** oder **2 Kaffir-Limettenblätter** (beides aus dem Asia-Laden) mitgaren.

Clever einkaufen

Mangos schmecken nur richtig aromatisch, wenn sie reif sind. Zu feste Mangos sind faserig und schmecken eher säuerlich, machen sich aber sehr gut in südostasiatisch inspirierten Salaten. Drücken Sie mit dem Finger leicht auf die Mango, dabei muss das Fleisch unter der Schale leicht nachgeben. Die kleinen Mangos aus asiatischen Lebensmittelgeschäften sind für das Chutney dagegen fast schon zu süß – sie können am besten für einen Lassi (indisches Joghurtgetränk) verwendet werden.

Zwetschgenchutney

Chutney auf Karibikkreuzfahrt
Zubereitung: ca. 20 Min. | Haltbarkeit: gekühlt 4 Wochen | Pro Glas: ca. 620 kcal

Für 1 Glas (ca. 250 ml)

1 Schalotte
200 g Zwetschgen
1 Wacholderbeere
3 Gewürznelken
1 TL Senfsamen
1 TL Ingwerpulver
1 Prise Zimtpulver
1 Prise Pul Biber (türkische
    Gewürzmischung)
50 g Roh-Rohrzucker
3 cl weißer oder brauner
    Rum (40 – 54 Vol.-%; nach
    Belieben)
100 ml Orangensaft
50 ml Rotweinessig
3 EL Korinthen (oder Rosinen)
Salz | Pfeffer

1 Die Schalotte schälen und fein würfeln. Die Zwetschgen waschen, mit einem sauberen Küchentuch trocken reiben, halbieren und entsteinen. Die Zwetschgenhälften in grobe Stücke schneiden. Die Wacholderbeere mit einem Messer etwas andrücken.

2 Zwetschgen, Schalotte und Wacholderbeere mit Nelken, Senfsamen, Ingwer, Zimt, Pul Biber und dem Zucker in einem Topf erhitzen und leicht karamellisieren lassen.

3 Nach Belieben mit Rum ablöschen und diesen etwas verkochen lassen. Den Orangensaft und den Essig dazugießen und die Korinthen hinzufügen. Alles aufkochen und bei mittlerer Hitze offen 8 – 10 Min. einkochen lassen.

4 Das Zwetschgenchutney mit Salz und Pfeffer abschmecken. Heiß in ein sauberes Twist-off-Glas füllen, verschließen und abkühlen lassen. Es passt gut zu Ente und Gans, aber auch zu Wild – etwa Rehbraten (siehe Cleveres Dazu Seite 85), Hirsch oder Wildschwein – und Roastbeef. Neben Senf ist es auch eine perfekte Abrundung für eine Käseplatte.

Clever tauschen

Statt Zwetschgen **rote** oder **gelbe Pflaumen** verwenden. Leuchtend gelbes Chutney erhält, wer stattdessen **Mirabellen** nimmt. Dafür Rotwein- durch **Weißweinessig** und den braunen Roh-Rohrzucker durch **weißen Zucker** ersetzen.

Cleveres Fingerfood

Für **schnelle Häppchen** eine beliebige Menge **Baguettescheiben** mit **Butter** oder **Frischkäse** bestreichen. Jeweils **1 – 2 Scheiben Camembert** oder **1 zusammengeklappte Scheibe Roastbeef (Aufschnitt)** darauflegen. Jeweils mit **1 großen Basilikumblatt** belegen und **1 TL Chutney** daraufsetzen. Nach Belieben mit **grob zerkleinerten rosa Pfefferbeeren** garniert servieren.

Bratapfelchutney

mit herbstlichen Aromen | *Zubereitung: ca. 20 Min.* | *Haltbarkeit: gekühlt 2 Wochen* | *Pro Glas: ca. 670 kcal*

Für 1 Glas (ca. 250 ml)

2 säuerliche Äpfel
50 g Mandeln
1 Schalotte | 50 g Zucker
1 TL Ingwerpulver
½ TL Zimtpulver
2 Gewürznelken
50 ml trockener Weißwein
50 ml Weißweinessig
Tonkabohne (siehe unten)
Salz | Pfeffer

Clever gewusst

Tonkabohne erhalten Sie am besten im Gewürzladen. Sie schmeckt ähnlich wie Vanille süßlich und verfeinert Desserts, Gebäck oder Chutneys. Dosiert wird sie so sparsam wie Muskatnuss.

1 Die Äpfel schälen, vierteln und das Kerngehäuse herausschneiden. Die Apfelviertel klein würfeln und 200 g Fruchtfleisch abwiegen. Die Mandeln längs halbieren. Die Schalotte schälen und fein würfeln.

2 In einer beschichteten Pfanne Schalotte, Äpfel und Mandeln anrösten, bis sich ein brauner Belag in der Pfanne gebildet hat. Zucker, Ingwer, Zimt und Nelken dazugeben und karamellisieren lassen. Mit Wein und Essig ablöschen, aufkochen und 4 Min. offen einkochen lassen.

3 Etwas Tonkabohne in das Chutney reiben, dieses mit Salz und Pfeffer abschmecken. Das Chutney heiß in ein sauberes Twist-off-Glas füllen, verschließen und abkühlen lassen. Bratapfelchutney passt gut zu Ente und Gans, aber auch zu Rehbraten (siehe Cleveres Dazu Seite 85), Tafelspitz, Roastbeef und Ziegenkäse.

Rhabarberchutney

saure Stangen mal anders | *Zubereitung: ca. 20 Min.* | *Haltbarkeit: gekühlt 4 Wochen* | *Pro Glas: ca. 565 kcal*

Für 1 Glas (ca. 350 ml)

250 g Rhabarber
1 Zwiebel
2 Knoblauchzehen
1 TL rosa Pfefferbeeren
1 Wacholderbeere
1 Msp. Pul Biber (türkische
  Gewürzmischung)
50 ml Aceto balsamico bianco
100 g Gelierzucker (2:1)
2 EL Korinthen | Salz

1 Den Rhabarber putzen, waschen, abziehen und in etwa 1 cm dicke Scheiben schneiden. Die Scheiben in kochendem Wasser 1 Min. blanchieren und in ein Sieb abgießen, das Wasser wegschütten.

2 Die Zwiebel und den Knoblauch schälen und fein würfeln. Die rosa Pfefferbeeren und die Wacholderbeere im Mörser grob zerstoßen. Zwiebel, Knoblauch, Pfefferbeeren, Wacholderbeere, Pul Biber und Essig in einem Topf aufkochen und zugedeckt bei schwacher Hitze 3 Min. köcheln lassen.

3 Gelierzucker, Rhabarber und Korinthen dazugeben. Erneut aufkochen und 2 – 3 Min. kochen lassen, bis der Rhabarber weich ist, aber noch nicht zerfällt. Mit Salz abschmecken, heiß in ein sauberes Twist-off-Glas füllen, verschließen und abkühlen lassen. Das Chutney passt gut zu Steaks, Braten, Roastbeef, Aufschnitt und Käse.

Gurkenrelish

Allrounder aus Skandinavien
Zubereitung: ca. 20 Min. | Ruhen: 1 Std. | Haltbarkeit: gekühlt 6 Wochen | Pro Glas: ca. 300 kcal

Für 1 Glas (ca. 300 ml)

250 g Salatgurke
1 Zwiebel
20 g Ingwer
½ TL gemahlene Kurkuma
2 TL Senfsamen
2 TL Salz (oder 1 TL Salz und
  1 TL Selleriesalz)
75 ml Apfelessig
50 g Zucker
1 TL Mehl
1 – 2 Zweige Dill

1 Die Gurke schälen und sehr klein schneiden. Die Zwiebel und den Ingwer schälen, beides fein würfeln. Gurke, Zwiebel und Ingwer in einer Schüssel mit Kurkuma, Senfsamen und Salz mischen. Die Mischung 1 Std. ziehen lassen.

2 Die Gurkenmischung in ein Sieb abgießen, dabei die Flüssigkeit auffangen. Den Essig mit dem Zucker und dem Mehl in einem Topf aufkochen und ca. 2 Min. dicklich einkochen lassen. Die Gurkenflüssigkeit dazugießen und kurz mitkochen lassen. Die Gurkenmischung hinzufügen, alles aufkochen und zugedeckt bei schwacher Hitze ca. 10 Min. köcheln lassen.

3 Inzwischen den Dill waschen und trocken schütteln, die Spitzen abzupfen und fein hacken. Die Gurkenmischung vom Herd nehmen und den Dill unterrühren.

4 Das Gurkenrelish heiß in ein sauberes Twist-off-Glas füllen, verschließen und abkühlen lassen. Gurkenrelish passt zu Aufschnitt, Sandwiches, Burgern, Leberkäse, Brühwürstchen und Kartoffelsalat, gebratenem Fisch und natürlich zu Hot Dogs (siehe Cleveres Dazu).

Cleveres Dazu: Hot Dogs

Für 4 Portionen | **1 rote Zwiebel** schälen und fein würfeln. **4 Brühwürstchen (z. B. Wiener Würstchen)** in heißem Wasser erhitzen. **4 Hot-Dog-Brötchen** ca. 5 Min. im heißen Backofen bei 150° aufbacken. Die Brötchen aufschneiden, je 2 – 3 EL Gurkenrelish auf die Unterhälften verteilen und die Würstchen darauflegen. Hot Dogs nach Belieben mit **Ketchup, Senf** oder **dänischer Remoulade** (siehe Seite 27) beträufeln und mit Zwiebel bestreuen.

Paprika-Mais-Relish

Tex-Mex-Würze im Glas
Zubereitung: ca. 35 Min. | Haltbarkeit: gekühlt 6 Wochen | Pro Glas: ca. 515 kcal

Für 1 Glas (ca. 350 ml)

1 kleine Dose Mais
   (140 g Abtropfgewicht)
½ rote Paprikaschote
1 Schalotte
1 rote Chilischote
   (nach Belieben)
50 ml Rotweinessig
50 g Zucker
1 TL Selleriesalz
1 TL Mehl
2 EL Korinthen
Pfeffer

1 Den Mais abtropfen lassen. Die Paprikaschote entkernen, waschen und klein würfeln. Die Schalotte schälen und fein würfeln. Nach Belieben die Chilischote längs halbieren, entkernen, waschen und fein würfeln.

2 Den Essig in einem Topf mit 50 ml Wasser, Zucker, Selleriesalz und Mehl aufkochen und ca. 2 Min. leicht dicklich einkochen lassen. Mais, Paprika, Schalotte, Korinthen und nach Belieben die Chiliwürfel dazugeben. Alles erneut aufkochen, dann zugedeckt bei schwacher Hitze ca. 20 Min. köcheln lassen.

3 Das Paprika-Mais-Relish mit Selleriesalz und Pfeffer abschmecken. Heiß in ein sauberes Twist-off-Glas füllen, verschließen und abkühlen lassen. Paprika-Mais-Relish passt zu Steaks, Gegrilltem, Sandwiches, Tortillas und Hot Dogs (siehe Cleveres Dazu Seite 97).

Clever würzen

Das Paprika-Mais-Relish nimmt dankbar allerlei Gewürze auf und erhält dadurch immer wieder eine neue Note. Kochen Sie doch einmal **½ TL Ingwerpulver, gemahlenen Koriander, gemahlenen Kreuzkümmel, Currypulver** oder **Garam Masala** mit.

Cleveres Dazu: Chili con Relish

Für 4 Portionen | In einem Topf **2 EL Olivenöl** erhitzen und **500 g Rinderhackfleisch** darin bei starker Hitze krümelig braten. **Je 2 gewürfelte rote Chilischoten** und **Knoblauchzehen, 1 gewürfelte Zwiebel** sowie **1 EL Zucker** dazugeben und kurz mitbraten. **2 Dosen stückige Tomaten (à 400 g)** und **1 Dose Kidneybohnen (abgetropft, ca. 250 g)** dazugeben, mit **Salz** würzen und bei schwacher Hitze 1 Std. schmoren lassen. Dann **die Hälfte des Relishs** sowie **2 TL edelsüßes Paprikapulver** unterrühren und noch 5 Min. weiterkochen lassen. Das Chili mit Salz, **Pfeffer** und **Zucker** abschmecken und pur oder mit Reis oder Fladenbrot als Beilage servieren.

WÜRZIGE EXOTEN – CURRYPASTEN, ASIA-SAUCEN, SAMBAL

Willkommen in der Welt der Gewürze!
Der Orient und Südostasien haben einige
Pasten und Saucen in petto, die vor hier-
zulande wenig bekannten Gewürzen nur
so strotzen. Galgant und Limettenblätter
verleihen etwa Currypasten ein fremdartiges,
aber vor allem faszinierend frisches Aroma.
Sind auch Sie schon auf den (exotischen)
Geschmack gekommen?

Harissapaste

beliebt in ganz Nordafrika
Zubereitung: ca. 40 Min. | Haltbarkeit: gekühlt 6 Wochen | Pro Glas: ca. 405 kcal

Für 1 Glas (ca. 250 ml)

1 rote Paprikaschote
100 g große frische rote
  Chilischoten
4 Knoblauchzehen
4 getrocknete Tomaten
  (in Öl eingelegt)
5 getrocknete rote Chilischoten
1 TL gemahlener Kreuzkümmel
1 TL gemahlener Koriander
1 Prise Kümmelsamen
1 TL getrocknete Minze
  (z. B. aus einem Beutel
  Pfefferminztee)
2 EL Olivenöl
2 TL Zitronensaft | Salz

1 Den Backofen auf 250° vorheizen. Die Paprikaschote halbieren, entkernen, waschen und in breite Spalten schneiden. Die Paprikaspalten mit der Haut nach oben auf den mit Backpapier ausgelegten Grillrost legen. Die frischen Chilischoten waschen.

2 Die Paprikaspalten im Backofen (Mitte, Umluft 230°) 10–15 Min. backen, bis die Haut großflächig schwarz ist und Blasen wirft (**Bild 1**). Sobald sich die ersten Verfärbungen an der Paprikahaut zeigen, die Chilischoten dazugeben und mitbacken. Paprika und Chilis aus dem Ofen nehmen, zunächst mit Backpapier, dann mit einem Küchentuch zudecken (**Bild 2**) und 10 Min. ruhen lassen.

3 Die Paprikaspalten häuten (**Bild 3**) und grob schneiden. Von den Chilischoten die Stielansätze entfernen. Den Knoblauch schälen und grob würfeln. Die Tomaten abtropfen lassen und ebenfalls grob würfeln.

4 Paprika, Chilis, Knoblauch und Tomaten mit getrockneten Chilischoten, Kreuzkümmel, Koriander, Kümmel, Minze, Olivenöl, Zitronensaft und 1 TL Salz in einem Blitzhacker zu einer glatten Paste pürieren. Harissapaste mit Salz abschmecken, in ein sauberes Twist-off-Glas füllen, verschließen und bis zur Verwendung kühl stellen.

Clever gewusst

Harissapaste gibt es in Marokko, Algerien und Tunesien in vielen unterschiedlichen Varianten. Sie wird zum Würzen von Reis- oder Couscousgerichten verwendet. Auch Suppen und Eintöpfe werden gern damit geschärft.

Clever würzen

Hackbällchen werden blitzschnell zu **marokkanischen Kefta**, wenn Sie **2 EL Harissapaste, 1 EL Sesamsamen** und **1 EL gehackte Petersilie** unter **250 g gewürzte Hackfleischmasse** (Rindfleisch oder Lamm) mischen. Die gebratenen Kefta mit **Joghurt**, Harissapaste und gehackter Petersilie servieren.

Grüne Harissasauce

hot & fresh | *Zubereitung: ca. 30 Min.* | *Haltbarkeit: gekühlt 3 Tage* | *Pro Portion: ca. 165 kcal*

Für 4 Portionen

10 kleine grüne Chilischoten
2 große rote Chilischoten
5 Knoblauchzehen
50 ml Olivenöl
1 Bund Petersilie
2 Bund Koriander
1 EL Rotweinessig
1 – 2 EL Limettensaft
2 – 3 TL Honig
1 TL gemahlener Kreuzkümmel
1 TL gemahlener Koriander
Salz | Pfeffer

1 Chilischoten waschen und die Stielansätze entfernen. Schoten klein schneiden. Knoblauch schälen und grob würfeln. Chilis und Knoblauch mit Olivenöl und 100 ml Wasser in einen Topf geben und aufkochen lassen. Zugedeckt bei schwacher Hitze 10 Min. köcheln lassen.

2 Die Mischung vom Herd nehmen und lauwarm abkühlen lassen. Inzwischen Petersilie und Koriander waschen und trocken schütteln, die Blätter abzupfen. Kräuter, Essig, 1 EL Limettensaft, 2 TL Honig, Kreuzkümmel und Koriander zum Chili-Knoblauch-Sud geben und alles mit dem Stabmixer fein pürieren.

3 Die Sauce mit Salz, Pfeffer, Limettensaft und Honig abschmecken. Lauwarm oder kalt servieren. Grüne Harissasauce passt gut zu gebratenem oder gegrilltem Fisch, Geflügel und Lamm oder Gemüse wie Auberginen, Paprika, Tomaten, Kürbis, Süßkartoffeln, Fenchel und Kohlrabi.

Muhammara

milde Paprikacreme aus dem Orient | *Zubereitung: ca. 40 Min.* | *Haltbarkeit: gekühlt 4 Tage* | *Pro Portion: ca. 190 kcal*

Für 4 Portionen

2 rote Paprikaschoten
1 rote Chilischote
30 g Walnusskerne
1 Knoblauchzehe
1 Scheibe altbackenes
  Weißbrot (oder 4 EL Semmelbrösel)
4 EL Olivenöl
1 TL gemahlener Kreuzkümmel
2 TL Granatapfelsirup
  (ersatzweise Ahornsirup)
Salz | Pfeffer

1 Backofen auf 250° vorheizen. Paprikaschoten längs halbieren, entkernen, waschen, in breite Spalten schneiden und
mit der Haut nach oben auf den mit Backpapier ausgelegten
Grillrost legen. Chilischote waschen.

2 Paprika im Backofen (Mitte, Umluft 230°) 10 – 15 Min. backen, bis die Haut großflächig schwarz ist und Blasen wirft.
Sobald sie sich zu verfärben beginnt, Chili und Walnüsse
dazugeben und mitbacken. Alles aus dem Ofen nehmen.
Walnüsse beiseitestellen, Paprika und Chili zunächst mit
Backpapier, dann mit einem Küchentuch zudecken und
10 Min. ruhen lassen.

3 Paprika und Chili häuten und grob klein schneiden. Knoblauch schälen und grob würfeln. Brot zerbröckeln. Paprika,
Chili, Walnüsse, Knoblauch und Brot mit Olivenöl, Kreuzkümmel, Granatapfelsirup und 1 TL Salz im Blitzhacker
pürieren. Mit Salz und Pfeffer abschmecken. Muhammara
schmeckt zu Fladenbrot, Kebab und gegrilltem Fleisch.

Tahinisauce

orientalischer Allrounder
Zubereitung: ca. 10 Min. | Haltbarkeit: gekühlt 2 Wochen | Pro Portion: ca. 170 kcal

Für 4 Portionen

1 Bio-Zitrone
100 g Sesammus (Tahin)
1 TL Honig oder Ahornsirup
2 Knoblauchzehen
1 Prise gemahlener
  Kreuzkümmel
1 Prise Cayennepfeffer
Salz | Pfeffer

1 Die Zitrone heiß waschen und trocken reiben, die Schale abreiben und den Saft auspressen. Das Sesammus mit 80 ml Wasser, 2 EL Zitronensaft und dem Honig bzw. Ahornsirup glatt rühren.

2 Den Knoblauch schälen und dazupressen. Kreuzkümmel, Cayennepfeffer und 1 TL Zitronenschale unterrühren. Die Sauce mit Salz und Pfeffer sowie Zitronenschale und etwas Zitronensaft abschmecken.

3 Die Tahinisauce nach Belieben noch mit etwas Wasser zur gewünschten Konsistenz verdünnen. Vor der Verwendung mindestens 5 Min. durchziehen lassen. Tahinisauce passt perfekt zu Falafel-, Schawarma-, Köfte- oder Dönertaschen. Sie kann ebenso gut mit Fladenbrot als Dip zur Vorspeise gereicht werden. Auch zu gegrilltem Gemüse, z. B. Zucchini oder Paprika, und orientalischen Salaten, z. B. mit Aubergine, Tomaten, Kichererbsen, Zwiebeln, Petersilie und Koriandergrün, schmeckt sie hervorragend.

Cleveres Dazu: Falafel

Für 4 Portionen | Am Vortag **300 g getrocknete Kichererbsen** in reichlich Wasser einweichen. Am nächsten Tag das Wasser von den Kichererbsen abgießen. **2 Knoblauchzehen** schälen und grob hacken. **1 Bund Petersilie** waschen und trocken schütteln, die Blätter abzupfen und fein hacken. Kichererbsen mit Knoblauch, Petersilie, **4 EL Zitronensaft, 2 TL Salz, je 2 TL gemahlenem Kreuzkümmel** und **Koriander** sowie **1 EL Mehl** im Blitzhacker fein pürieren. Noch **etwas Wasser** hinzufügen, bis sich eine formbare Masse ergibt, mit **Salz** und **Pfeffer** abschmecken und 10 Min. quellen lassen. Aus der Masse walnussgroße abgeflachte Bällchen formen und diese portionsweise in heißem **Frittierfett** oder -öl in ca. 5 Min. knusprig braun ausbacken. Die Falafeln auf Küchenpapier gut abtropfen lassen und mit der Tahinisauce servieren.

Grüne Currypaste

Curry-Liebling aus Thailand | *Zubereitung: ca. 40 Min.* | *Haltbarkeit: gekühlt 2 Wochen* | *Pro Glas: ca. 910 kcal*

Für 1 Glas (ca. 400 ml)

8 Stängel Zitronengras
120 g Galgant oder Ingwer
8 Schalotten
8 Knoblauchzehen
20 Stängel Koriander
30 Kaffir-Limettenblätter
8 – 15 kleine grüne
  Chilischoten (je nach
  Geschmack)
1 EL Koriandersamen
100 ml Limettensaft
4 EL Öl | 4 EL brauner Zucker
1 EL Salz | 1 EL Garnelenpaste

1 Zitronengras putzen, dabei harten unteren Teil und äußere Blätter entfernen. Den weichen Kern klein schneiden. Galgant bzw. Ingwer, Schalotten und Knoblauch schälen und grob würfeln. Koriander waschen und trocken schütteln.

2 Limettenblätter waschen, trocken tupfen und in Streifen schneiden. Chilischoten längs halbieren, entkernen, waschen und klein schneiden. Koriandersamen in einer kleinen Pfanne ohne Fett rösten, bis sie zu duften beginnen.

3 Vorbereitete Zutaten, Limettensaft, Öl, Zucker, Salz und Garnelenpaste im Mixer fein pürieren. In ein sauberes Twist-off-Glas füllen und bis zur Verwendung kühl stellen.

Clever servieren

Für ein grünes Curry für 4 Portionen **je 400 ml Kokosmilch** und **Wasser** mit **6 EL Currypaste** sämig einkochen. Mit **Salz, Zucker, Limettensaft** und Currypaste abschmecken. **Gemüse (Paprika, Champignons, Aubergine), Hähnchenstreifen, Garnelen** oder **Fischfiletstücke** darin garen. Mit Basmatireis servieren.

Rote Currypaste

Thaiklassiker | *Zubereitung: ca. 25 Min.* | *Haltbarkeit: gekühlt 2 Wochen* | *Pro Glas: ca. 900 kcal*

Für 1 Glas (ca. 600 ml)

4 Stängel Zitronengras
100 g Galgant oder Ingwer
8 Schalotten
16 Knoblauchzehen
8 Kaffir-Limettenblätter
1 rote Paprikaschote
1 EL Koriandersamen
10 – 15 getrocknete rote
  Chilischoten (je nach
  Geschmack)
100 ml Limettensaft
4 EL Tomatenmark
4 EL Zucker
3 EL Öl | 4 TL Salz

1 Das Zitronengras putzen, dabei den harten unteren Teil und äußere harte Blätter entfernen. Den weichen Kern klein schneiden. Galgant bzw. Ingwer, Schalotten und Knoblauch schälen und grob würfeln. Limettenblätter waschen, trocken tupfen und in Streifen schneiden. Paprikaschote längs halbieren, entkernen, waschen und klein schneiden.

2 Koriandersamen in einer Pfanne ohne Fett rösten, bis sie zu duften beginnen. Alle vorbereiteten Zutaten mit Chilischoten, Limettensaft, Tomatenmark, Zucker, Öl und Salz im Mixer zu einer feinen Paste pürieren. In ein sauberes Twist-off-Glas füllen und bis zur Verwendung kühl stellen.

Clever servieren

Für ein rotes Curry für 4 Portionen **je 400 ml Kokosmilch** und **Wasser** mit **8 – 10 EL Currypaste** sämig einkochen. Mit **Salz, Zucker, Limettensaft** und Currypaste abschmecken. **Gemüse (Paprika, Champignons, Aubergine), Hähnchenstreifen, Garnelen** oder **Fischfiletstücke** darin garen. Mit Basmatireis servieren.

Gelbe Currypaste

mildeste Version der Currypasten
Zubereitung: ca. 25 Min. | Haltbarkeit: gekühlt 2 Wochen | Pro Glas: ca. 625 kcal

Für 1 Glas (ca. 300 ml)

4 Stängel Zitronengras
120 g Galgant oder Ingwer
8 Schalotten
8 Knoblauchzehen
12 Kaffir-Limettenblätter
10 Kardamomkapseln
2 TL Kreuzkümmelsamen
2 EL Koriandersamen
1 EL gelbe Senfsamen
3 – 6 getrocknete rote
   Chilischoten (je nach
   Geschmack)
1 EL gemahlene Kurkuma
4 EL brauner Zucker
4 EL Limettensaft
1 EL Salz
½ TL Zimtpulver

1 Das Zitronengras putzen, dabei den harten unteren Teil und äußere harte Blätter entfernen (**Bild 1**). Den weichen Kern klein schneiden (**Bild 2**). Galgant bzw. Ingwer, Schalotten und Knoblauch schälen und grob würfeln. Limettenblätter waschen, trocken tupfen und in Streifen schneiden.

2 Kardamomkapseln mit einem spitzen Messer aufschlitzen und die Samen herauslösen (**Bild 3**). Mit Kreuzkümmel-, Koriander- und Senfsamen in einer kleinen Pfanne ohne Fett rösten, bis die Samen zu duften beginnen.

3 Alle vorbereiteten Zutaten mit Chilischoten, Kurkuma, Zucker, Limettensaft, Salz und Zimt im Mixer zu einer feinen Paste pürieren. In ein sauberes Twist-off-Glas füllen und bis zur Verwendung kühl stellen.

Clever servieren:
Gaeng Gari Gai (Gelbes Hähnchencurry)

Für 4 Portionen | **400 g festkochende Kartoffeln** sowie **1 Zwiebel** schälen und in Scheiben bzw. Spalten schneiden. **1 rote Paprikaschote** halbieren, entkernen, waschen und grob würfeln. **1 Möhre (ca. 100 g)** schälen und in Scheiben schneiden. **400 g Hähnchenbrust** waschen, mit Küchenpapier trocken tupfen und in feine Streifen schneiden. **400 ml Kokosmilch** mit **400 ml Wasser** in einer großen, tiefen Pfanne zum Kochen bringen, Kartoffeln und Zwiebel darin zugedeckt bei mittlerer Hitze 5 Min. kochen. Paprika, Möhre und **6 EL Currypaste** dazugeben und weitere 5 Min. garen. Hähnchenfleisch hinzufügen und nochmals 5 Min. garen. Das Hähnchencurry mit **Salz**, Currypaste, **Zucker** und **Limettensaft** abschmecken. Mit **Basmatireis** servieren, nach Belieben mit **Röstschalotten** (aus dem Asia-Laden) und **Koriandergrün** bestreuen.

Tom-Kha-Paste

Basis für Kokossuppen | *Zubereitung: ca. 20 Min.* | *Haltbarkeit: gekühlt 2 Wochen* | *Pro Glas: ca. 520 kcal*

Für 1 Glas (ca. 200 ml)

2 Stängel Zitronengras
60 g Galgant
60 g Ingwer
4 Schalotten
4 Knoblauchzehen
8 Kaffir-Limettenblätter
4 getrocknete rote Chilischoten
4 EL Limettensaft
3 EL brauner Zucker
2 EL Öl | 2 TL Salz

1 Das Zitronengras putzen, dabei den harten unteren Teil und äußere harte Blätter entfernen. Den weichen Kern klein schneiden. Galgant, Ingwer, Schalotten und Knoblauch schälen und grob würfeln. Limettenblätter waschen, trocken tupfen und in Streifen schneiden.

2 Alle vorbereiteten Zutaten mit Chilischoten, Limettensaft, Zucker, Öl und Salz im Blitzhacker zu einer feinen Paste zerkleinern. In ein sauberes Twist-off-Glas füllen und bis zur Verwendung kühl stellen.

Clever servieren: Tom-Kha-Suppe

Für 4 Portionen | In einem Topf **500 ml Kokosmilch** mit **500 ml Wasser** aufkochen. **8 – 9 EL Tom-Kha-Paste** unterrühren. Nach Belieben **Gemüsestücke** (Paprika, Frühlingszwiebeln, Aubergine), **Pilze** und **Hähnchenstreifen, Garnelen** oder **Tofu** in der Suppe garen. Mit **Salz, Zucker** und **Limettensaft** abschmecken. Mit **Koriandergrün** bestreut servieren.

Tom-Yum-Paste

Basis für sauer-scharfe Suppen | *Zubereitung: ca. 20 Min.* | *Haltbarkeit: gekühlt 2 Wochen* | *Pro Glas: ca. 505 kcal*

Für 1 Glas (ca. 200 ml)

2 Stängel Zitronengras
60 g Galgant oder Ingwer
4 Schalotten
4 Knoblauchzehen
4 Kaffir-Limettenblätter
2 getrocknete rote Chilischoten
4 EL Limettensaft
2 EL Fischsauce
2 TL Garnelenpaste
2 TL Tamarindenmus
1 EL Tomatenmark (für die
   Farbe; nach Belieben)
2 EL Sojasauce | 2 EL Öl
2 EL Zucker | 1 TL Salz

1 Das Zitronengras putzen, dabei den harten unteren Teil und äußere harte Blätter entfernen. Den weichen Kern klein schneiden. Galgant bzw. Ingwer, Schalotten und Knoblauch schälen und grob würfeln. Die Limettenblätter waschen, trocken tupfen und in Streifen schneiden.

2 Die vorbereiteten Zutaten mit den übrigen Zutaten im Blitzhacker fein pürieren. In ein sauberes Twist-off-Glas füllen und bis zur Verwendung kühl stellen.

Sweet Chilisauce

in Südostasien immer auf dem Tisch | *Zubereitung: ca. 15 Min.* | *Haltbarkeit: gekühlt 2 Monate* | *Pro Flasche: ca. 455 kcal*

Für 1 Flasche (250 ml)

2 rote Chilischoten
50 ml Weißwein- oder
  Reisessig
100 g Zucker
2 Knoblauchzehen
1 – 2 TL Speisestärke (oder
  für eine besonders klare
  Sauce Pfeilwurzelstärke)
Salz

1 Chilischoten waschen und die Stiele entfernen. Schoten mitsamt Samen sehr fein würfeln und mit Essig, Zucker und 150 ml Wasser in einen Topf geben. Knoblauch schälen und dazupressen. Die Mischung zum Kochen bringen und offen bei mittlerer Hitze 3 Min. köcheln lassen.

2 Stärke mit 2 EL Wasser verrühren und so viel davon unter die Sauce rühren, bis diese leicht andickt. Offen weitere 2 Min. dicklich einkochen lassen, eventuell noch etwas Stärke dazugeben. Die Sauce mit Salz abschmecken.

3 In eine saubere Glasflasche füllen und verschließen oder abkühlen lassen und in eine Quetschflasche füllen. Sweet Chilisauce ist ein Allrounder der asiatischen Küche. Sie schärft und süßt Frühlingsrollen, Garnelen und Fisch im Ausbackteig sowie gebratenes oder gegrilltes Hähnchen. Sie passt aber auch zu asiatischen Reisgerichten, Fondue oder gebackenen Kürbisspalten.

Sambal Oelek

scharf, schärfer … Sambal! | *Zubereitung: ca. 20 Min.* | *Haltbarkeit: gekühlt 1 Monat* | *Pro Glas: ca. 205 kcal*

Für 1 Glas (ca. 250 ml)

250 g kleine rote Chilischoten
1 EL Öl
2 TL Zitronensaft
2 TL Reisessig (oder
  Weißweinessig)
2 TL brauner Zucker | Salz

1 Die Chilischoten waschen und die Stiele entfernen, Schoten mitsamt den Samen klein schneiden. Die Stücke von 5 Schoten beiseitelegen. Die restlichen Chilistücke mit 100 ml Wasser in einem Topf aufkochen und zugedeckt bei schwacher Hitze ca. 8 Min. köcheln lassen.

2 Die Chilischoten in ein Sieb abgießen und abtropfen lassen. Mit den beiseitegelegten Chilistücken, Öl, Zitronensaft, Essig, braunem Zucker und 1 TL Salz im Blitzhacker zu einer feinen Paste verarbeiten.

3 Die Paste mit Salz abschmecken und in ein sauberes Twist-off-Glas füllen. Bis zur Verwendung kühl stellen. Sambal Oelek schärft in Indonesien Reisgerichte und Nudeln wie Nasi Goreng oder Bami Goreng. Es passt aber zu allen asiatischen Gerichten, die etwas Schärfe vertragen können.

Satésauce

mildwürzige Erdnusssauce
Zubereitung: ca. 25 Min. | Haltbarkeit: gekühlt 3 Tage | Pro Portion: ca. 290 kcal

Für 4 Portionen

1 rote Chilischote
1 Zwiebel
1 Knoblauchzehe
10 g Ingwer
2 EL neutrales Öl
1 EL brauner Zucker
200 ml Kokosmilch
½ TL Currypulver
2 – 3 EL Sojasauce
80 g Erdnussmus
1 – 2 EL Zitronensaft
Salz | Pfeffer

1 Die Chilischote längs halbieren, entkernen und waschen. Die Zwiebel, den Knoblauch sowie den Ingwer schälen und alles fein würfeln.

2 Das Öl in einem Topf erhitzen und die vorbereiteten Zutaten darin bei mittlerer Hitze kurz andünsten. Den Zucker hinzufügen und etwas karamellisieren lassen. Mit Kokosmilch und 100 ml Wasser ablöschen. Das Currypulver und 2 EL Sojasauce dazugeben, aufkochen und offen bei mittlerer Hitze 3 – 4 Min. kochen lassen.

3 Das Erdnussmus unter die Sauce rühren. Die Sauce erneut aufkochen und ca. weitere 2 Min. bei schwacher Hitze leise köcheln lassen. 1 EL Zitronensaft unterrühren.

4 Die Sauce mit Salz, Pfeffer, Sojasauce und Zitronensaft nochmals abschmecken. Satésauce passt zu gebratenem Fleisch, Tofu, Seitan oder Gemüse. Dazu serviert man am besten Basmati- oder Jasminreis. Klassisch wird die Sauce zu Satéspießen gereicht (siehe Cleveres Dazu).

Clever vegan

Für rein pflanzlichen Genuss die Marinade der Satéspieße (siehe rechts) mit **Ahornsirup** oder **Agavendicksaft** statt Honig zubereiten und insgesamt **4 EL Öl** und **6 EL Limettensaft** verwenden. Statt Hähnchen **250 g Tofu** grob würfeln. Mit **24 kleinen geputzten Champignons** 1 Std. in die Marinade einlegen. Anschließend aufspießen und grillen oder braten.

Cleveres Dazu: Satéspieße

Für 4 Portionen | 12 Holzspieße in Wasser einlegen. **400 g Hähnchenbrust** waschen, mit Küchenpapier trocken tupfen und in 12 dünne Streifen schneiden. Für die Marinade **4 EL Limettensaft** und **3 EL Sojasauce** mit **2 EL Öl, 2 TL Ingwerpulver, ½ TL Cayennepfeffer** und **1 TL Honig** verrühren. **1 Knoblauchzehe** schälen und dazupressen, die Marinade salzen und pfeffern. Das Fleisch darin 1 – 2 Std. einlegen. Die Holzspieße abtropfen lassen. Das Fleisch wellenförmig auf die Spieße stecken und in einer Pfanne knusprig braun braten oder im Backofen grillen. Mit der Satésauce servieren.

Teriyakisauce

japanischer Grillsaucen-Klassiker
Zubereitung: ca. 30 Min. | Haltbarkeit: gekühlt 4 Wochen | Pro Flasche: ca. 740 kcal

Für 1 Flasche (ca. 150 ml)

10 g Ingwer
3 Knoblauchzehen
100 ml Mirin (süßer
    japanischer Reiswein,
    ersatzweise Ananassaft)
1 getrocknete rote Chilischote
150 ml helle Sojasauce
1 EL Reisessig (oder
    Weißweinessig)
1 TL geröstetes Sesamöl
1 TL Zitronensaft
70 g Zucker

1 Den Ingwer und den Knoblauch schälen und in dünne Scheiben schneiden. In einem Topf Mirin mit Ingwer, Knoblauch sowie der Chilischote aufkochen und offen bei mittlerer Hitze auf die Hälfte einkochen lassen.

2 Die Chilischote entfernen. Sojasauce, Reisessig, Sesamöl, Zitronensaft und Zucker in den Topf geben, alles erneut aufkochen und offen bei mittlerer Hitze auf ca. 150 ml einkochen lassen.

3 Knoblauch und Ingwer aus der Sauce entfernen. Die Sauce abkühlen lassen und in eine Flasche abfüllen. Teriyakisauce passt als Würzsauce zu gebratenem und gegrilltem Fleisch sowie zu japanischen Nudelgerichten. Die Sauce kann beim Grillen auch als Marinade für Fleisch, Tofu und Gemüse verwendet werden. Dann das Grillgut während des Grillens immer wieder mit der Sauce bestreichen, damit es einen schönen Glanz erhält – dabei aber aufpassen, dass die Sauce nicht verbrennt, dann schmeckt sie bitter.

Variante: Vegane Fischsauce

Für 1 Flasche (100 ml) | Sie ist mit ihrem kräftig fischigen Geschmack ebenso ein Klassiker der Asia-Küche wie die Teriyakisauce. In einem Topf **10 g getrocknete Shiitakepilze** in **500 ml warmem Wasser** 1 Std. einweichen. **3 Schalotten** und **2 Knoblauchzehen** schälen und in Scheiben schneiden. **20 g Noriblätter** klein schneiden und zusammen mit den Schalotten und dem Knoblauch zu den eingeweichten Pilzen geben. Die Mischung aufkochen, dann zugedeckt ca. 20 Min. leise köcheln lassen, dabei nach 10 Min. die Pilze entfernen. Den Sud in ein Sieb abgießen, dabei die Flüssigkeit auffangen. Flüssigkeit mit **3 TL Salz** und **2 TL Zucker** auf 100 ml einkochen lassen. Die Sauce abkühlen lassen und in eine kleine Flasche abfüllen. Mit der Sauce asiatische Reis- und Nudelgerichte, Thai-Currys und Thai-Suppen nachwürzen.

Gurken-Minze-Raita

klassischer indischer Joghurtdip

Für 4 Portionen **250 g Salatgurke** schälen, längs halbieren und entkernen, eine Hälfte grob reiben, die andere Hälfte fein würfeln. Gurkenraspel in ein Sieb geben und leicht ausdrücken. **1 Zweig Minze** waschen und trocken tupfen, Blätter abzupfen und in feine Streifen schneiden. Gurkenraspel und je die Hälfte der Gurkenwürfel und der Minze mit **250 – 300 g griechischem Joghurt (10 % Fett)** verrühren. Mit **je 1 Msp. gemahlenem Kreuzkümmel** und **Koriander** würzen und mit **Salz** abschmecken. Raita auf vier Schälchen verteilen und mit etwas **Pfeffer** und **Cayennepfeffer** bestreuen. Restliche Gurke und Minze darauf verteilen. Das Raita passt zu Grillfleisch, Dal, indischen Reisgerichten und Fladenbroten. Im Kühlschrank ist es 1 Tag haltbar.

Zwiebel-Tomaten-Raita

korianderwürzig

Für 4 Portionen **4 Tomaten** waschen, halbieren und entkernen, dabei die Stielansätze entfernen. Tomaten klein würfeln. **1 kleine rote Zwiebel** schälen und fein würfeln. **8 Stängel Koriander** waschen und trocken tupfen, Blätter abzupfen und fein hacken. Vorbereitete Zutaten bis auf je 1 EL Tomate und Koriander mit **250 – 300 g griechischem Joghurt (10 % Fett), 2 EL Limettensaft** und **1 TL gemahlenem Koriander** verrühren. Mit **Salz** und **Pfeffer** abschmecken. Auf vier Schälchen verteilen, etwas **Pfeffer** darübermahlen und übrige Tomate sowie Koriander darauf verteilen. Das Raita schmeckt zu gegrilltem Lamm, indischen Reisgerichten, Fladenbrot oder zu Veggie-Döner (siehe Cleveres Dazu Seite 77). Im Kühlschrank ist es 1 Tag haltbar.

Möhren-Minze-Raita

mild-süßer Joghurtdip

Für 4 Portionen **200 g Möhren** schälen und fein reiben. **2 Knoblauchzehen** schälen und dazupressen. **250 – 300 g griechischen Joghurt (10 % Fett)** untermischen. **1 TL Sumach** (aus dem Asia-Laden) und **1 EL Zitronensaft** unterrühren. Mit **Salz, Pfeffer** und **Zitronensaft** abschmecken. **2 Zweige Minze** waschen und trocken tupfen, Blätter abzupfen und in feine Streifen schneiden. **3 EL Granatapfelkerne** und Minze (bis auf 1 EL) unterrühren. Raita 5 Min. ziehen lassen. Auf vier Schälchen verteilen, **1 EL Granatapfelkerne** und die restliche Minze darüberstreuen. Das Raita ergänzt Reis- und Couscousgerichte, gebratenen oder gegrillten Lachs, indische Fladenbrote oder Baguette und Ciabatta. Im Kühlschrank ist es 1 Tag haltbar.

Ananas-Kokos-Raita

fruchtig und erfrischend

Für 4 Portionen **100 g Ananasfruchtfleisch** klein würfeln. **3 Frühlingszwiebeln** putzen, waschen und in feine Ringe schneiden. Ananas (bis auf 1 EL) und Frühlingszwiebeln mit **250 – 300 g griechischem Joghurt (10 % Fett)** verrühren. **2 TL schwarze Senfsamen** in einer Pfanne ohne Fett leicht anrösten. **2 EL Kokosraspel** hinzufügen und kurz mitrösten. Die Senf-Kokos-Mischung (bis auf 2 TL) und **1 EL Zitronensaft** unter den Joghurt rühren. Raita mit Zitronensaft, **Salz** und **Cayennepfeffer** abschmecken. Auf vier Schälchen verteilen, restliche Senf-Kokos-Mischung und Ananas darüberstreuen. Das Raita passt zu gegrilltem Schweinefleisch, indischen Reisgerichten, Dal und fruchtigen Currys. Im Kühlschrank ist das Raita 1 Tag haltbar.

Bezugsadressen

Flaschen, Gläser, Etiketten

www.einkochzeit.de – Einmachgläser und
-flaschen aller Art (Schraubverschlüsse, Bügel-
verschlüsse etc.)

www.flaschenland.de – Glasflaschen, Marme-
laden- und Einmachgläser, Steinzeugtöpfchen und
-flaschen, Verschlüsse, Etiketten

www.glaeserundflaschen.de – Gläser und
Flaschen aller Art, Verschlüsse und Dekoration
(z. B. Stoffdeckchen für Marmeladengläser)

www.kuechendepot.de – u. a. Quetschflaschen

Gewürze & Kräuter

Viele Kräuter und Gewürze in guter Qualität
erhalten Sie in Apotheken, ich kaufe dort z. B.
immer das Senfmehl. Weitere Bezugsquellen sind:

www.1001gewuerze.eu – u. a. Kala-Namak-Salz

www.kraeuterkombinat.de – u. a. Rauchsalz

www.bremer-gewuerzhandel.de – neben
Gewürzen und Kräutern auch Essig, Öle und
Gewürzmühlen

Öl- & Essigspezialitäten für feine Salatdressings

www.gegenbauer.at

www.oelmuehle-solling.de

Verpacken und dekorieren – Papiere, Kartons, Etiketten, Anhänger, Bänder

www.dawanda.de

www.meincupcake.de

www.buttinette.com

www.idee-shop.de